COLL

Jean Anouilh

Becket

ou

l'honneur de Dieu

La Table Ronde

PERSONNAGES

LE ROI.
LES FILS DU ROI.

THOMAS BECKET.

L'ARCHEVÊQUE.
GILBERT FOLLIOT, *évêque de Londres*.
L'ÉVÊQUE D'OXFORD.
L'ÉVÊQUE D'YORK.
LE PETIT MOINE.

LES BARONS ANGLAIS.
LE ROI DE FRANCE.

PREMIER BARON FRANÇAIS.
SECOND BARON FRANÇAIS.

LE PAPE.
LE CARDINAL.

LA REINE.
LA REINE MÈRE.
GWENDOLINE.

PRÉVÔT, MOINES, SOLDATS, SAXONS, PAGES et FILLES.

Becket ou l'honneur de Dieu, de *Jean Anouilh*, a été représenté pour la première fois à Paris le 8 octobre 1959, au théâtre *Montparnasse-Gaston Baty*, dans une mise en scène de l'auteur et de *Roland Piétri*, dans des décors et des costumes de *Jean-Denis Malclès*, avec, par ordre d'entrée en scène : *Daniel Ivernel, Bruno Crémer, Henry Darbrey, Henry Gaultier, Charles Nissar, Marcel Vergne, André Valtier, Nicolle Vassel, Martine Sarcey, Jacques Dannoville, Gérard Darrieu, Serge Bossac, André Weber, Claire Sonval, Gérard Dournel, Pierre Pernet, Lefèvre-Bel, François Rossello, Dominique Bernard, Benoît Isorni, Marcelle Ranson, Pascale de Boysson, Marc Dekock, Philippe Pierson, François Marie, Michel de Ré, Maurice Jacquemont, Alain Dekock.*

PREMIER ACTE

Un décor vague avec des piliers partout. C'est la cathédrale. Le tombeau de Becket, au milieu de la scène, une dalle avec un nom gravé sur la pierre. Deux gardes entrent et se postent au loin, puis le roi entre par le fond. Il a sa couronne sur la tête, il est nu sous un vaste manteau. Un page le suit à distance. Le roi hésite un peu devant la tombe, puis, soudain, il enlève son manteau que le page emporte. Il tombe à genoux, priant sur les dalles, seul, tout nu, au milieu de la scène; derrière les piliers, dans l'ombre, on devine des présences inquiétantes.

LE ROI

Alors, Thomas Becket, tu es content? Je suis nu sur ta tombe et tes moines vont venir me battre. Quelle fin, pour notre histoire! Toi, pourrissant dans ce tombeau, lardé des coups de dague de mes barons et moi, tout nu, comme un imbécile, dans les courants d'air, attendant que ces brutes viennent me taper dessus. Tu ne crois pas qu'on aurait mieux fait de s'entendre?

Becket en archevêque, comme au jour de sa mort, est apparu sur le côté, derrière un pilier. Il dit doucement :

BECKET

On ne pouvait pas s'entendre.

LE ROI

Je te l'ai dit : « Sauf l'honneur du royaume! »
C'est toi qui m'avais appris la formule, pourtant.

BECKET

Je t'ai répondu : « Sauf l'honneur de Dieu! » C'était
un dialogue de sourds.

LE ROI

Qu'il faisait un froid dans cette plaine nue de
La Ferté-Bernard la dernière fois que nous nous
sommes vus! C'est curieux, il a toujours fait froid
dans notre histoire. Sauf au début, quand nous
étions amis, nous avons eu quelques beaux soirs
d'été tous les deux, avec des filles... *(Il demande
soudain :)* Tu l'aimais, Gwendoline, Archevêque? Tu
m'en as voulu, le soir où je te l'ai prise en disant :
« C'est moi le roi! » C'est peut-être ça que tu ne
m'as jamais pardonné?

BECKET, *doucement.*

J'ai oublié.

LE ROI

On était pourtant comme deux frères tous les
deux! Ce soir-là, c'était un enfantillage, ce gros
garçon qui criait « C'est moi le roi! » J'étais si jeune...
Je ne pensais qu'à travers toi, tu le sais bien.

BECKET, *doucement, comme à un petit garçon.*

Prie, Henri, au lieu de bavarder.

LE ROI, *avec humeur.*

Tu penses comme j'ai envie de prier! *(Becket va
s'enfoncer doucement dans l'ombre et disparaître pendant la réplique du roi.)* Je les regarde, entre mes
doigts, qui me guettent des allées latérales. Tu avais
beau dire, quelles trognes ils ont, tes Saxons!... Se
livrer tout nu à ces brutes! Moi qui ai la peau tellement fragile... Même toi, tu aurais peur! Et puis

j'ai honte. Honte de cette mascarade. Seulement, j'ai besoin d'eux... Il faut que je les rallie à ma cause, contre mon fils, qui veut me croquer mon royaume tout vivant. Alors, je viens faire ma paix avec leur saint. Crois-tu que c'est drôle? Toi, tu es devenu un saint et moi, le roi, voilà que j'ai besoin de cette grosse masse amorphe qui ne pouvait rien jusqu'ici, que peser son énorme poids, courbée sous les coups, et qui peut tout, maintenant. A quoi cela sert-il, au fond, les conquêtes? Voilà que c'est eux l'Angleterre aujourd'hui — quand même, à force d'être plus nombreux et de faire des petits, comme des lapins, pour compenser les massacres. Mais il faut toujours payer le prix... C'est toi aussi qui m'as appris ça, Thomas Becket, quand tu me conseillais encore... Tu m'as tout appris... *(Il rêve un peu :)* Ah! c'était le bon temps!... Au petit matin — enfin, notre petit matin à nous, vers midi, car nous nous couchions toujours très tard tous les deux — tu entrais dans ma chambre, juste comme je sortais de l'étuve, tu entrais, reposé, souriant, léger, aussi frais que si nous n'avions pas passé toute la nuit à boire et à forniquer de compagnie... *(Il dit un peu amer :)* Pour ça aussi tu étais plus fort que moi...

> *Le page est entré avec un linge de bain, un drap blanc, dont il enveloppe le roi qu'il frotte. On entend siffler en coulisse pour la première fois, on l'entendra souvent, une marche anglaise, joyeuse et ironique qu'affectionne Becket. L'éclairage change. C'est encore la cathédrale vide, et puis à un moment Becket tirera un rideau et ce sera la chambre du roi. Leur ton d'abord lointain comme celui d'un souvenir changera aussi et deviendra plus réaliste. Thomas Becket en gentilhomme, élégant, jeune, charmant, avec sa veste courte et ses souliers au bout curieusement retourné, est entré, allègre, et salue le roi.*

THOMAS

Mes respects, mon Seigneur!...

LE ROI *s'illumine.*

Ah! Thomas! Je pensais que tu dormais encore.

THOMAS

J'ai déjà fait un petit temps de galop jusqu'à Richemond, mon Seigneur. Il fait un froid divin.

LE ROI, *qui claque des dents.*

Dire que tu aimes le froid, toi! *(A son page :)* Frotte donc plus fort, animal!

> *Thomas, souriant, repousse le page et se met à frotter le roi à sa place.*

LE ROI, *au page.*

Ça va! Mets une bûche au feu et file! Tu m'habilleras tout à l'heure.

THOMAS

Mon prince. C'est moi qui vous habillerai.

> *Le page est sorti.*

LE ROI

Il n'y a que toi qui me frottes bien. Qu'est-ce que je ferais sans toi, Thomas! Tu es gentilhomme, pourquoi joues-tu à être mon valet de chambre? Si je demandais ça à mes barons, ils me feraient une guerre civile!...

THOMAS *sourit.*

Ils y viendront avec le temps, quand les rois auront appris leur rôle. Je suis votre serviteur, mon prince, voilà tout. Que je vous aide à gouverner ou à vous réchauffer, pour moi, c'est pareil. J'aime vous aider.

LE ROI, *avec un petit geste tendre.*

Mon petit Saxon! Au début, quand j'ai voulu te prendre près de moi, tu sais ce qu'ils m'ont dit tous? Que tu en profiterais pour me poignarder un jour.

THOMAS, *qui l'habille souriant.*

Vous l'avez cru, mon prince?

Acte I

Roi — Normand.
B. — Saxon.

LE ROI

N... non... J'ai eu un petit peu peur au début. Tu sais que j'ai facilement peur. Mais tu avais l'air si bien élevé, à côté de ces brutes. Comment t'es-tu arrangé pour parler le français sans trace d'accent anglais?

THOMAS

Mes parents avaient pu conserver leurs biens en acceptant de collaborer, comme on dit, avec le roi votre père... Ils m'ont envoyé tout jeune en France y prendre un bon accent français.

LE ROI

En France? Et pas en Normandie?

THOMAS *sourit encore.*

Ce fut leur seule coquetterie patriotique. Ils détestaient l'accent normand.

LE ROI, *incisif.*

Seulement l'accent?

THOMAS, *impénétrable et léger.*

Mon père était un homme très sévère. Je ne me serais jamais permis, de son vivant, de l'interroger sur ses sentiments profonds. Et sa mort n'a rien éclairci, naturellement. Il a su faire, en collaborant, une assez grosse fortune; comme c'était, d'autre part, un homme de rigueur, j'imagine qu'il s'est arrangé pour la faire en accord avec sa conscience. Il y a là un petit tour de passe-passe que les hommes de rigueur réussissent assez bien, en période troublée.

LE ROI

période politiquement difficile

Et toi?

THOMAS, *feignant de ne pas comprendre la question.*

Moi, mon prince?

LE ROI, *avec une trace voulue de léger mépris
dans la voix, car malgré son admiration
pour Thomas, ou à cause d'elle,
il voudrait bien marquer un point
de temps en temps contre lui.*

Le tour de passe-passe, tu l'as réussi facilement?

THOMAS, *toujours souriant.*

Le problème n'était pas le même. Moi, j'étais un homme léger, n'est-ce pas? En vérité, il ne s'est même pas posé. J'adore la chasse et seuls les Normands et leurs protégés avaient droit de chasser. J'adore le luxe et le luxe était normand. J'adore la vie, et les Saxons n'avaient droit qu'au massacre. J'ajoute que j'adore l'honneur.

LE ROI, *un peu étonné.*

Et l'honneur s'est concilié aussi avec la collaboration?

THOMAS, *léger.*

J'ai eu le droit de tirer l'épée contre le premier gentilhomme normand qui a voulu toucher une de mes sœurs et de le tuer en combat singulier. C'est un détail, mais appréciable.

LE ROI, *un peu sournois.*

Tu aurais toujours pu l'égorger et fuir dans les bois comme tant d'autres?

THOMAS

Cela manquait de confort et d'efficacité vraie. Ma sœur eût été immédiatement violée par un autre baron normand, comme toutes les filles saxonnes. Aujourd'hui elle est respectée.

LE ROI, *rêveur.*

Je ne comprends pas que tu ne nous haïsses pas. Tu vois, moi qui n'ai pas énormément de courage...

THOMAS

Qu'en savez-vous, mon Seigneur? Avant le jour

de sa mort, personne ne sait exactement son courage...

LE ROI, *continuant.*

Tout de même, tu sais que je n'aime pas me battre... personnellement, tout au moins. Eh bien, si les Français, par exemple, envahissaient un jour la Normandie et qu'ils y fassent le centième de ce que nous avons fait ici, je crois bien que je ne pourrais jamais voir un Français sans tirer ma dague et... *(Il crie soudain, voyant un geste de Thomas :)* Qu'est-ce que tu cherches?

THOMAS, *souriant, tirant son peigne de son pourpoint.*

Mon peigne... *(Il commence à coiffer le roi et lui dit doucement :)* C'est que vous n'avez pas été occupé pendant cent ans, mon Seigneur. C'est long. Et tout s'oublie à vivre.

LE ROI, *assez fin soudain.*

Si tu avais été pauvre, tu n'aurais peut-être pas oublié!

THOMAS, *léger et mystérieux.*

Peut-être pas. Mais je suis riche. Et léger... Mon Seigneur, vous savez que ma nouvelle vaisselle d'or est arrivée de Florence? Mon roi me fera-t-il l'honneur de venir l'étrenner chez moi?

LE ROI

De la vaisselle d'or! Quel fou tu fais?

THOMAS

Je lance cette mode.

LE ROI

Je suis ton roi et moi je mange dans de l'argent!

THOMAS

Mon prince, vous avez de lourdes charges et je n'ai que celles de mon plaisir... L'ennui c'est qu'il paraît que ça se raye... Enfin, on verra! J'ai reçu aussi deux fourchettes...

LE ROI, *surpris.*

Des fourchettes?

THOMAS

Oui. C'est un nouveau petit instrument diabolique, de forme et d'emploi. Cela sert à piquer la viande pour la porter à sa bouche. Comme ça on ne se salit pas les doigts.

LE ROI

Mais alors, on salit la fourchette?

THOMAS

Oui. Mais ça se lave.

LE ROI

Les doigts aussi! Je ne vois pas l'intérêt.

THOMAS

Aucun intérêt pratique, en effet. Mais c'est raffiné, c'est subtil. Ça ne fait pas du tout normand.

LE ROI, *soudain ravi.*

Il faudra que tu m'en commandes une douzaine. Que je voie la tête de mes gros barons au premier banquet de la cour, quand je leur présenterai ça. Il ne faudra pas leur dire à quoi ça sert! On rira bien!

THOMAS, *riant.*

Une douzaine! Comme vous y allez! C'est que ça coûte très cher des fourchettes. Mon prince, il est temps d'aller au conseil.

LE ROI, *riant aussi.*

Ils ne vont rien y comprendre! Ils sont fichus de croire que c'est pour se battre. On va s'amuser comme des fous!

Ils sont sortis, riant derrière le rideau, qui s'écarte devant eux dans le même décor de piliers.

*C'est la salle du conseil où ils pénètrent, toujours
riant.*

LE ROI, *allant au trône.*

Messieurs, le conseil est ouvert. Je vous ai réunis
aujourd'hui pour trancher sur ce refus du clergé
de s'acquitter de la taxe d'absence. Il va tout de
même falloir s'entendre, pour savoir qui gouverne
ce royaume, de l'Église... *(l'Archevêque fait un geste)...*
tout à l'heure, Archevêque!... ou de moi! Mais, avant
de nous disputer, commençons par les bonnes nouvelles... J'ai décidé de rétablir le poste de chancelier
d'Angleterre, gardien du sceau à trois lions, et de le
confier à mon féal serviteur et sujet Thomas Becket.

THOMAS, *surpris, s'est levé, tout pâle.*

Mon prince!

LE ROI, *goguenard.*

Qu'est-ce qu'il y a, Becket? Tu veux déjà aller
pisser? Il est vrai que nous avons tellement bu
cette nuit tous les deux! *(Il le regarde, ravi.)* Je
suis bien content, pour une fois j'ai réussi à te sur-
prendre, petit Saxon.

THOMAS, *un genou en terre, soudain grave.*

Mon prince, c'est une marque de votre confiance
dont j'ai peur de ne pas être digne. Je suis très
jeune, peut-être léger...

LE ROI

Moi aussi, je suis jeune, et tu en sais plus long
que nous tous! *(Aux autres :)* Il a étudié, vous savez!
C'est incroyable tout ce qu'il connaît. Il vous dame-
rait le pion à tous. Même à l'Archevêque! Quant à sa
légèreté, ne soyez pas dupes. Il boit sec, il aime bien
s'amuser, mais c'est un garçon qui pense tout le
temps. Quelquefois, ça me gêne de le sentir penser à
côté de moi... Relève-toi, Thomas. Je ne faisais rien
sans ton conseil, c'était secret, maintenant ce sera
public, voilà tout. *(Il éclate de rire, tire quelque chose*

de sa poche, le donne à Becket.) Tiens, voilà le sceau.
Ne le perds pas. Sans sceau, il n'y a plus d'Angleterre
et nous serions tous obligés de retourner en Normandie! Maintenant, travaillons.

L'ARCHEVÊQUE *se lève, tout sourire*
la première surprise passée.

Je voudrais qu'il me soit permis, avec l'appro-
bation de mon prince, de saluer ici mon jeune et
savant archidiacre. Car j'ai été le premier, j'ai la
faiblesse d'être fier de le rappeler, à l'avoir remarqué
et élevé. La présence à ce conseil, avec le titre pré-
pondérant de chancelier d'Angleterre, d'un des nôtres
— de notre fils spirituel en quelque sorte — est un
gage pour l'Église de ce pays qu'une nouvelle ère
d'entente et de compréhension réciproque s'ouvre
devant nous et que nous devons, dans un esprit de
collaboration confiante...

LE ROI, *le coupant.*

Et cætera et cætera... Merci, Archevêque! J'étais
sûr que cette nomination vous ferait plaisir. Mais ne
comptez pas trop sur Becket pour faire vos affaires.
Il est mon homme. *(Il se retourne vers Becket, ravi.)*
Au fait, mon petit Saxon, je l'avais oublié que tu
étais diacre...

THOMAS, *souriant.*

Moi aussi, mon prince.

LE ROI

Dis-moi — je ne parle pas des filles, c'est péché
véniel — mais dans les quelques affaires où j'ai pu
te voir, je trouve que tu as un rude coup d'épée
pour un curé. Comment accordes-tu cela avec le
commandement de l'Église qui défend aux prêtres
de verser le sang?

L'ÉVÊQUE D'OXFORD, *prudent.*

Notre jeune ami n'est que diacre et n'a point
encore prononcé tous ses vœux, Altesse. L'Église,

dans sa sagesse, sait qu'il faut que jeunesse se passe et que — sous le prétexte sacré d'une guerre — d'une guerre sainte, j'entends, il est permis aux jeunes gens...

LE ROI, *le coupant.*

Toutes les guerres sont saintes, Évêque! Je vous défie de me trouver un belligérant sérieux qui n'ait pas le Ciel avec lui — théoriquement. Revenons plutôt à nos moutons.

L'ARCHEVÊQUE

Pastor curare gregem debet, mon fils.

LE ROI, *impatienté*

C'est ce que je voulais dire. Seulement, je n'aime pas beaucoup les moutons qui ne veulent pas se laisser tondre, mon Père! Nos coutumes veulent qu'une taxe en argent soit due par tout possesseur d'une terre suffisante pour l'entretien d'un homme d'armes, qui, dans les délais prescrits par les appels, ne se présente pas à la revue tout armé et l'écu au bras.

L'ÉVÊQUE D'OXFORD

Distinguo, Altesse!

LE ROI

Distinguez tout ce que vous voulez. Pour moi, ma décision est prise : je tends mon escarcelle et j'attends. *(Il se renverse sur son fauteuil et se cure les dents. A Becket :)* Je crève de faim, Thomas. Pas toi? Dis qu'on nous fasse apporter quelque chose.

Thomas fait un signe à un garde qui sort.

L'ARCHEVÊQUE *se lève après un temps.*

Un laïc qui se dérobe à son devoir d'état, qui est d'assister son prince par les armes, doit la taxe. Nul ne le contestera.

LE ROI, *goguenard.*

Surtout pas le clergé!

L'ARCHEVÊQUE, *continuant.*

Le devoir d'état d'un clerc est d'assister son prince dans ses prières, dans ses œuvres d'éducation et de charité; il ne pourrait donc être assujetti à une taxe semblable que s'il se dérobait à ces devoirs-là.

L'ÉVÊQUE D'OXFORD

Avons-nous refusé de prier?

LE ROI *s'est levé furieux.*

Messieurs! Vous pensez sérieusement que je m'en vais me laisser filouter de plus des deux tiers de ma taxe, avec des arguties pareilles? Au temps de la conquête, quand il s'agissait de s'enrichir, ils l'ont retroussée leur soutane, je vous le jure, nos abbés normands : et gaillardement! L'épée au poing, les fesses sur la selle, dès potron-minet. « Allons-y, mon prince! Boutons tout ça dehors! Dieu le veut! Dieu le veut! » Il fallait les retenir, oui! Et quand on avait besoin d'une petite messe le cas échéant, ils n'avaient jamais le temps; ils ne savaient plus où ils avaient laissé leurs habits sacerdotaux, les églises n'étaient pas en état — tout leur était bon pour remettre — de peur de se laisser rafler un morceau de gâteau pendant ce temps-là!

L'ARCHEVÊQUE

Ces temps héroïques ne sont plus. La paix est faite.

LE ROI

Alors, payez. Moi, je ne sors pas de là. *(Il se tourne vers Becket.)* Un peu à toi, Chancelier. On dirait que ça te rend muet, les honneurs.

BECKET

M'est-il permis de faire remarquer respectueuse-ment quelque chose à mon Seigneur l'Archevêque?

LE ROI *grommelle.*

Respectueusement... mais fermement. Tu es chan-celier, maintenant.

BECKET, *calme et négligent.*

L'Angleterre est un navire.

LE ROI, *ravi.*

Tiens! C'est joli, ça. On s'en reservira.

BECKET

Dans les périls de la navigation, l'instinct de conservation des hommes leur a fait, depuis toujours, reconnaître qu'il fallait un seul maître à bord. Les équipages révoltés qui ont noyé leur capitaine, finissent toujours, après quelque temps d'anarchie, par se confier, corps et âmes, à l'un des leurs, qui se met à régner sur eux, plus durement parfois que leur capitaine noyé.

L'ARCHEVÊQUE

Seigneur Chancelier — mon jeune ami — il y a effectivement une formule : le capitaine est seul maître à bord après Dieu. *(Il tonne soudain avec une voix qu'on ne soupçonnait pas dans ce corps débile :)* Après Dieu!

> *Et il se signe. Tous les évêques l'imitent. Un vent d'excommunication passe sur le conseil. Le roi, impressionné, se signe aussi et grommelle un peu piteux :*

LE ROI

Personne ne songe à mettre l'autorité de Dieu en cause, Archevêque.

BECKET, *qui est seul resté calme.*

Dieu guide le navire en inspirant les décisions du capitaine. Mais je n'ai jamais entendu dire qu'il donnait directement ses consignes à l'homme de barre.

> *Gilbert Folliot, évêque de Londres, se lève. C'est un homme fielleux.*

GILBERT FOLLIOT

Notre jeune chancelier n'est que diacre, mais il

est d'Église. Les quelques années qu'il vient de passer dans le monde et le bruit ne peuvent lui avoir fait déjà oublier que c'est à travers son Église militante et plus particulièrement par l'intermédiaire de Notre Saint-Père le Pape et des Évêques — ses représentants qualifiés — que Dieu dicte ses décisions aux hommes.

BECKET

Il y a un aumônier sur chaque navire, mais on ne lui demande pas de fixer la ration de vivres de l'équipage ni de faire le point. Mon Révérend Seigneur, l'Évêque de Londres, qui est le petit-fils d'un marinier, m'a-t-on dit, ne peut, lui non plus, avoir oublié cela.

GILBERT FOLLIOT *se dresse, aigre et glapit.*

Je ne permettrai pas que des allusions personnelles viennent compromettre la dignité d'un débat de cette importance! L'intégrité et l'honneur de l'Église d'Angleterre sont en jeu!

LE ROI, *bonhomme.*

Pas de grands mots, Évêque! Vous savez comme moi qu'il s'agit tout bonnement de son argent. J'ai besoin d'argent pour ma guerre. L'Église veut-elle m'en donner ou non?

L'ARCHEVÊQUE, *prudent.*

L'Église d'Angleterre a toujours admis que son devoir était d'assister son prince, au maximum de ses forces, dans ses besoins.

LE ROI

Voilà une bonne parole! Mais je n'aime pas le passé, Archevêque, c'est un temps qui a quelque chose de nostalgique. J'aime le présent. Et le futur. Paierez-vous?

L'ARCHEVÊQUE

Altesse, je suis ici pour défendre les privilèges que

votre illustre aïeul Guillaume a concédés à l'Église
d'Angleterre. Auriez-vous le cœur de toucher à
l'œuvre de votre aïeul?

LE ROI

Qu'il repose en paix! Son œuvre est inviolable.
Mais là où il est il n'a plus besoin d'argent. Et moi,
qui suis encore sur terre, malheureusement, j'en ai
besoin!

GILBERT FOLLIOT

Altesse, c'est une question de principe!

LE ROI

Je lève des troupes, Évêque! Je me suis fait
envoyer quinze cents lansquenets allemands et trois
mille fantassins suisses pour combattre le roi de
France. Et personne n'a jamais réglé des Suisses
avec des principes!

BECKET *se lève soudain, net.*

Je pense, Altesse, qu'il est inutile de poursuivre
un dialogue où aucun des deux interlocuteurs n'écoute
l'autre. La loi et la coutume nous donnent des moyens
de coercition. Nous en userons.

GILBERT FOLLIOT, *hors de lui, dressé.*

Tu oserais, toi, qu'elle a tiré du néant de ta race,
plonger le fer dans le sein de ta mère l'Église?

BECKET

Mon seigneur et roi m'a donné son sceau aux
trois lions à garder. Ma mère est maintenant l'Angleterre.

GILBERT FOLLIOT, *écumant, un peu ridicule.*

Un diacre! Un pauvre diacre nourri dans notre
sein! Traître! Petit serpent! Débauché! Sycophante!
Saxon!

LE ROI

Mon petit ami, je vous invite à respecter mon
chancelier ou sinon j'appelle mes gardes!

Il a enflé un peu la voix vers la fin, les gardes entrent.

LE ROI, *surpris.*

Les voilà, d'ailleurs. Ah! non, c'est mon en-cas. Excusez-moi, messieurs, mais vers midi, j'ai besoin de prendre ou je me sens faiblir. Et un roi n'a pas le droit de faiblir, vous ne l'ignorez pas. Servez-moi ça dans mon oratoire, comme ça je pourrai prier tout de suite après. Viens un moment avec moi, mon fils...

Il est sorti, entraînant Becket. Les trois prélats se sont levés, blessés. Ils s'éloignent un peu, murmurant entre eux avec des regards en coin du côté où est sorti le roi.

GILBERT FOLLIOT

Il faut en appeler à Rome! Se raidir.

L'ÉVÊQUE D'YORK

Seigneur Archevêque, vous êtes primat d'Angleterre. Votre personne est inviolable et vos décisions pour tout ce qui touche à l'Église font loi dans ce pays. Contre une telle rébellion, vous avez une arme : l'excommunication.

L'ÉVÊQUE D'OXFORD

Nous ne devons en user qu'avec beaucoup de prudence, Révérend Évêque. L'Église au cours des siècles a toujours triomphé, mais elle a triomphé prudemment. Patientons. Les fureurs du roi sont terribles; mais elles ne durent point. Ce sont des feux de paille.

GILBERT FOLLIOT

Le petit ambitieux, qu'il a près de lui maintenant, se chargera de les attiser. Et je pense, comme le Révérend Évêque d'York, que seule l'excommunication de ce petit débauché peut le réduire à l'impuissance.

BECKET *entre sur ces mots.*

Mes Seigneurs, le roi a décidé de suspendre son conseil. Il pense qu'une nuit de méditation inspirera à Vos Seigneuries une solution sage et équitable — qu'il vous autorise à venir lui soumettre demain.

GILBERT FOLLIOT *ricane, amer.*

C'est tout simplement l'heure de la chasse...

BECKET *sourit.*

Oui, d'ailleurs, Seigneur Évêque, à ne vous rien cacher, croyez que je suis personnellement navré de ce différend et de la forme brutale qu'il a prise. Je ne reviens pourtant pas sur ce que j'ai dit en tant que chancelier d'Angleterre. Nous sommes tous tenus envers le roi, laïcs et clercs, par le même serment féodal que nous lui avons prêté comme à notre seigneur et suzerain : le serment de lui conserver sa vie, ses membres, sa dignité et son honneur. Je pense qu'aucun d'entre vous n'en a oublié la formule?

L'ARCHEVÊQUE, *doucement.*

Nous ne l'avons pas oubliée, mon fils. Pas plus que l'autre serment que nous avons prêté avant à Dieu. Vous êtes jeune, peut-être encore incertain. Vous venez pourtant de prendre, en peu de mots, une résolution dont le sens ne m'a pas échappé. Permettez à un vieil homme, qui est très près de la mort, et qui, dans ce débat un peu sordide, défendait peut-être davantage que ce que vous avez cru lui voir défendre — de vous souhaiter, comme un père, de ne pas connaître un jour l'amertume de penser que vous vous êtes trompé. *(Il lui tend son anneau que Becket baise.)* Je vous bénis, mon fils.

BECKET *s'est agenouillé, il se relève léger.*

Un fils bien indigne, mon père... Mais, quand est-on digne? Et digne de quoi?

Il pirouette et sort avec une insolence et une grâce de jeune garçon.

GILBERT FOLLIOT *a bondi.*

Ces insultes à Votre Seigneurie sont inadmissibles!
L'insolence de ce petit roué doit être brisée.

L'ARCHEVÊQUE, *pensif.*

Je l'ai eu longtemps près de moi. C'est une âme
étrange, insaisissable. Ne croyez pas qu'il soit le
simple débauché que les apparences feraient croire.
J'ai pu l'observer souvent, dans le plaisir et dans le
bruit. Il y reste comme absent. Il se cherche.

GILBERT FOLLIOT

Brisez-le, mon Seigneur, avant qu'il ne se trouve!
Ou le clergé de ce pays le paiera cher.

L'ARCHEVÊQUE

Nous devons être très circonspects. Notre rôle est
de sonder les cœurs. Et je ne suis pas sûr que celui-ci
soit toujours notre ennemi.

*L'Archevêque et les trois évêques sont sortis. On
entend le roi crier dehors :*

LE ROI

Alors, mon fils, ils sont partis? Tu viens à la
chasse?

*Des arbres descendent des cintres, le rideau de
velours noir du fond s'ouvre sur un ciel clair
transformant les piliers en arbres dénudés d'une
forêt d'hiver. Des sonneries de trompe. La lumière
a baissé, quand elle revient le roi et Thomas sont
à cheval, un faucon chacun sur leur gant de
cuir. On entend une pluie torrentielle.*

LE ROI

C'est le déluge! *(Il demande soudain :)* Cela
t'amuse, toi, de chasser au faucon?

BECKET

Je n'aime pas beaucoup faire faire mes commis-
sions par les autres... J'aime mieux sentir un san-

glier au bout de mon épieu. Quand il se retourne et
qu'il charge, il y a une minute de tête à tête déli-
cieuse où l'on se sent enfin responsable de soi.

LE ROI

C'est curieux ce goût du danger! Qu'est-ce que
vous avez tous, à vouloir risquer votre peau coûte
que coûte, sous les prétextes les plus futiles? Au
fond, tu es un raffiné, tu fais des vers abscons, tu
manges avec une fourchette et tu es plus près de
mes barons que tu ne le crois.

BECKET

Existentalisme

Il faut jouer sa vie pour se sentir vivre...

LE ROI

Ou mourir. Tu me fais rire! *(Il parle à son faucon :)*
Du calme, mon joli. On l'ôtera tout à l'heure ton
capuchon. Sous les arbres, tu ne ferais rien de bon.
En tout cas, il y en a qui adorent ça, la chasse au
faucon, ce sont les faucons! J'ai l'impression que
nous nous tannons le derrière depuis trois heures à
cheval, pour leur procurer ce plaisir royal.

BECKET *sourit.*

Mon Seigneur, ce sont des faucons normands. Ils
sont de la bonne race. Ils y ont droit.

LE ROI *demande soudain, regardant Becket.*

Tu m'aimes, Becket?

BECKET

Je suis votre serviteur, mon prince.

LE ROI

Tu m'as aimé quand je t'ai fait chancelier? Je me
demande parfois si tu es capable d'amour. Aimes-tu
Gwendoline?

BECKET

Elle est ma maîtresse, mon prince.

LE ROI

Pourquoi mets-tu des étiquettes sur tout, pour justifier tes sentiments?

BECKET

Parce que, sans étiquettes, le monde n'aurait plus de forme, mon prince...

LE ROI

Et c'est important que le monde ait une forme?

BECKET

Capital, mon prince, ou sinon on ne sait plus ce qu'on y fait. *(Des trompes au loin.)* La pluie redouble, mon Seigneur. Allons nous réfugier dans cette cabane, là-bas.

Il part au galop; après un imperceptible temps de désarroi, le roi le suit au galop, le poing haut tenant son faucon, et criant :

LE ROI

Becket! Tu n'as pas répondu à ma question!

Il a disparu dans la forêt. Des trompes encore. Les barons passent à cheval au galop sur leurs traces et se perdent dans la forêt. Un bruit d'orage, des éclairs.
Une cabane est apparue d'un côté de la scène, on entend Becket crier à la cantonade.

BECKET

Holà! l'homme! On peut mettre les chevaux au sec dans ta grange? Tu sais bouchonner? Regarde donc aussi ce qu'a le cheval de messire au sabot avant droit. Nous allons laisser passer l'orage chez toi.

Un instant puis le roi entre dans la cabane suivi d'un Saxon hirsute qui multiplie les saluts, craintif, son bonnet à la main.

LE ROI, *entrant et se secouant.*

Quelle douche! Je suis fichu de prendre froid. *(Il*

éternue.) Tout ça pour amuser des faucons! *(Il crie à l'homme, changeant de voix :)* Qu'est-ce que tu attends pour nous faire du feu, toi? On crève de froid chez toi, chien! *(L'homme ne bouge pas, terrorisé. Le roi, après avoir éternué encore, à Becket qui les a suivis :)* Qu'est-ce qu'il attend?

BECKET

Le bois est rare, mon Seigneur. Il n'en a sans doute plus.

LE ROI

En pleine forêt?

BECKET

Ils n'ont droit qu'à deux mesures de bois mort. Une branche de plus, on les pend.

LE ROI, *étonné.*

Tiens? Et d'un autre côté, on trouve qu'il y a trop de bois mort dans les forêts. Enfin, ce problème regarde mes intendants. *(Il crie à l'homme :)* File ramasser tout ce que tu pourras porter et fais-nous un feu d'enfer. Pour une fois, tu ne seras pas pendu, chien!

Le paysan, épouvanté, n'ose pas obéir. Thomas lui dit doucement :

BECKET

Va, mon fils. C'est ton prince qui l'ordonne. Tu as le droit.

L'homme sort, tremblant, multipliant les saluts.

LE ROI

Pourquoi appelles-tu ce vieillard ton fils?

BECKET

Mon prince, vous l'appelez bien : chien.

LE ROI

C'est une expression! On a toujours appelé les

Saxons : chiens. Je ne sais pas pourquoi, d'ailleurs.
On aurait aussi bien pu les appeler : Saxons. Mais
ton fils, cette vieille puanteur... *(Il renifle autour de
lui.)* Qu'est-ce qu'ils peuvent bien bouffer pour que
cela sente si mauvais, de la crotte?

BECKET

Des raves.

LE ROI

Qu'est-ce que c'est que ça, des raves?

BECKET

Des racines.

LE ROI, *amusé.*

Ils mangent des racines?

BECKET

Ceux des forêts ne peuvent pas cultiver autre
chose.

LE ROI

Pourquoi ne vont-ils pas en plaine?

BECKET

Ils seraient pendus s'ils quittaient leur district.

LE ROI

Ah bon! Remarque que cela doit simplifier la
vie de savoir qu'on est pendu à la moindre initiative.
On doit se poser beaucoup de questions. Ce sont des
gens qui ne savent pas leur bonheur... Tu ne m'as
pas toujours dit pourquoi tu appelais ce gaillard ton
fils?

BECKET, *léger.*

Mon prince, il est si dénudé et si pauvre et je suis
si fort par comparaison, qu'il est véritablement mon
fils.

LE ROI

On irait loin avec la théorie.

BECKET

D'ailleurs, mon prince, vous êtes sensiblement plus jeune que moi et il vous arrive aussi de m'appeler votre fils.

LE ROI

Ça n'a aucun rapport. C'est parce que je t'aime.

BECKET

Vous êtes notre roi; nous sommes tous vos fils entre vos mains.

LE ROI

Même les Saxons?

BECKET, *léger, se dégantant.*

L'Angleterre sera faite, mon prince, le jour où les Saxons seront aussi vos fils.

LE ROI

Tu es ennuyeux aujourd'hui. J'ai l'impression d'écouter l'Archevêque. Et je crève de soif. Fouille un peu pour voir s'il n'y a rien à boire chez ton fils... *(Becket commence à chercher, puis bientôt quitte la pièce. Le roi se lève et cherche aussi, regardant curieusement la cahute, touchant des choses avec des mines dégoûtées. Soudain, il avise une sorte de trappe au bas d'un mur; il ouvre, plonge la main et en tire une fille épouvantée. Il crie :)* Hé, Thomas! Thomas!

BECKET *rentre.*

Vous avez trouvé quelque chose à boire, mon prince?

LE ROI, *tenant la fille à bout de bras.*

Non, à manger. Qu'est-ce que tu dis de ça, une fois nettoyé?

BECKET, *froid.*

Elle est jolie.

LE ROI

Elle pue un peu, mais on la laverait. Regarde ça, c'est tout menu. Qu'est-ce que ça peut avoir à ton idée, quinze ans, seize ans?

BECKET

Ça parle, mon Seigneur. *(A la fille, doucement :)* Quel âge as-tu?

La petite les regarde, épouvantée, sans répondre.

LE ROI

Tu vois bien que ça ne parle pas. *(A l'homme qui est rentré avec du bois et qui s'arrête sur le seuil, épouvanté :)* Quel âge a ta fille, chien? *(L'homme tremble sans répondre, traqué.)* Il est muet aussi, ton fils. Tu l'as eu avec une sourde? C'est curieux d'ailleurs, le nombre de muets que je peux rencontrer dès que je sors de mon palais. Je règne sur un peuple de muets. Tu peux me dire pourquoi?

BECKET

Ils ont peur, mon prince.

LE ROI

J'entends. Et c'est une bonne chose. Il faut que les peuples aient peur. A la minute où ils cessent d'avoir peur, ils n'ont qu'une idée, c'est de faire peur à leur tour. Et ils adorent ça, faire peur! Autant que nous. Quand ils en ont la possibilité, je te jure qu'ils se rattrapent, tes fils. Tu n'as jamais vu de jacquerie? Moi, j'en ai vu une, petite, du temps de mon père. Ce n'est pas beau à voir. *(Il regarde l'homme, exaspéré.)* Regarde-moi ça... C'est muet, c'est obtus, ça grouille, ça pue, il y en a partout... *(Il rattrape la petite qui a tenté de s'éloigner.)* Reste là, toi! Ça sert à quoi, je te le demande?

BECKET, *souriant.*

Ça gratte le sol, ça fait du pain.

LE ROI

Bah! Les Anglais en mangent si peu... A la cour de France, je ne dis pas, ils s'en bourrent.

BECKET, *souriant.*

Il faut bien nourrir les troupes. Car un roi sans troupes...

LE ROI, *frappé.*

C'est juste. Tout se tient. Il doit y avoir un ordre raisonnable dans toutes ces absurdités. Décidément, tu es un petit Saxon philosophe... Je ne sais pas comment tu t'y prends, mais tu finiras par me rendre intelligent! Ce qui est curieux, c'est que ce soit si vilain et que cela fasse de si jolies filles! Comment expliques-tu ça, toi qui expliques tout?

BECKET

A vingt ans, avant d'avoir perdu ses dents et pris cet âge indéfinissable du peuple, celui-là a peut-être été beau. Il a peut-être eu une nuit d'amour, une minute où il a été roi lui aussi, oubliant sa peur. Après, sa vie de pauvre a repris, pareille. Sa femme et lui ont même dû oublier. Mais la semence était jetée.

LE ROI, *rêveur.*

Tu as une façon de raconter... *(Il regarde la fille.)* Tu crois qu'elle deviendra laide comme les autres?

BECKET

Sûrement.

LE ROI

Si on la faisait putain et qu'on la garde au palais, elle resterait belle?

BECKET

Peut-être.

LE ROI

Alors, c'est un service à lui rendre?

BECKET, *froid.*

Sans doute.

> *Le père s'est dressé. La fille s'est recroquevillée,
> épouvantée. Le frère entre, sombre, muet, mena-
> çant.*

LE ROI

C'est admirable! Ils comprennent tout, tu sais.
Qui c'est, celui-là?

BECKET, *qui a jugé la situation d'un coup d'œil.*

Le frère.

LE ROI

Comment le sais-tu?

BECKET

Mon instinct, mon prince.

> *Il a mis la main sur sa dague.*

LE ROI, *hurlant soudain.*

Qu'est-ce qu'ils ont à me dévisager? Ils commencent
à m'embêter à la fin! J'ai demandé à boire, chien!

> *L'homme, épouvanté, sursaute et déguerpit.*

BECKET

Leur eau sera fade. J'ai une gourde de genièvre à
ma selle. Viens m'aider, toi, mon cheval est nerveux.

> *Il a pris le frère par le bras, brutalement.
> Il sort dans la forêt avec lui sifflant négligem-
> ment sa petite marche et, tout de suite, il se jette
> sur lui. Une courte lutte silencieuse. Il lui arrache
> son couteau. Le garçon s'enfuit dans la forêt.*

*Thomas le regarde partir une seconde, se tenant
la main. Puis il contourne la maison. Le roi
s'est installé sur son escabeau, les jambes sur un
autre, sifflotant. Il relève les jupes de la fille du
bout de son stick, l'examinant tranquillement.
Il murmure :*

LE ROI

Tous mes fils! *(Il chasse une pensée.)* Il me fatigue,
ce Becket, à me donner l'habitude de penser. Ça doit
être mauvais pour la santé. *(Il s'est levé, à Becket
qui rentre :)* Alors, cette eau? C'est long!

BECKET, *qui précédait l'homme.*

La voilà, mon Seigneur. Et voici surtout du
genièvre. Car elle est trouble.

LE ROI

Bois avec moi. *(Il avise la main de Becket enve-
loppée d'un linge ensanglanté.)* Qu'est-ce que tu as?
Tu es blessé?

BECKET *cache sa main.*

Mon cheval est décidément un peu nerveux, mon
prince. Il a horreur qu'on touche la selle. Un coup
de dent.

LE ROI *éclate d'un gros rire ravi.*

Ah! ah! ah! C'est trop drôle! Elle est vraiment
trop drôle!... Monsieur monte mieux que personne;
Monsieur ne trouve jamais d'étalon assez fougueux
pour lui; Monsieur nous rend tous ridicules au
manège avec ses acrobaties et quand il veut aller
prendre quelque chose dans ses fontes, il se fait
mordre, comme un page!... *(Il est presque content,
rageur. Soudain, son regard se fait plus tendre.)* Tu es
tout pâle, petit Saxon... Pourquoi est-ce que je
t'aime? C'est drôle, ça ne me fait pas plaisir que tu
aies mal, toi. Montre ta main. C'est mauvais une
morsure de cheval. Je vais te mettre du genièvre.

BECKET *retire précipitamment sa main.*

J'en ai mis, mon prince. Ce n'est rien.

LE ROI

Pourquoi es-tu si pâle, alors? Montre.

BECKET, *soudain froid.*

La blessure est laide et vous savez que vous n'aimez pas voir le sang.

LE ROI *recule un peu puis s'exclame ravi.*

Tout ça pour aller me chercher à boire. Blessé au service du roi. On dira aux autres que tu m'as défendu contre une bête et je te ferai un beau cadeau ce soir. Qu'est-ce qui te ferait plaisir?

BECKET, *doucement.*

Cette fille. *(Il ajoute après un petit temps.)* Elle me plaît.

LE ROI, *rembruni, après un silence.*

Là, tu m'embêtes! Elle me plaît aussi. Et, sur ce chapitre-là, je n'ai plus d'amis. *(Un temps encore. Sa figure prend une expression rusée.)* Soit! Mais donnant donnant, tu te le rappelleras?

BECKET

Oui, mon prince.

LE ROI

Donnant donnant, j'ai ta parole de gentilhomme?

BECKET

Oui, mon prince.

LE ROI, *vidant son verre, soudain allègre.*

Adjugé! Elle est à toi. On l'emporte ou on la fait prendre?

BECKET

J'enverrai deux soldats la prendre. Ils nous ont rejoints.

En effet, une troupe d'hommes d'armes à cheval est arrivée devant la cabane durant la fin de la scène.

LE ROI, *à l'homme.*

Lave ta fille, chien, et tue-lui ses poux. Elle ira au palais. C'est pour Monsieur qui est Saxon comme toi. Tu es content, j'espère? *(A Thomas, sortant :)* Donne-lui une pièce d'or. Je me sens bon, moi, ce matin.

Il est sorti. L'homme, terrorisé, regarde Becket.

BECKET

Personne ne viendra prendre ta fille. Cache-la mieux à l'avenir. Et dis à ton fils de rejoindre les autres, dans la forêt, c'est plus sûr pour lui maintenant. Tiens!

Il lui jette une bourse et sort. Quand il est sorti, l'homme se jette sur la bourse, la ramasse, puis crache, haineux :

L'HOMME

Crève! Crève le premier, porc!

LA FILLE, *soudain.*

Il était beau celui-là! C'est vrai qu'il va m'emmener au palais?

L'HOMME

Garce! Fille à Normands!

Il se jette sur elle et la roue de coups.

Le roi, Becket et les barons sont partis à cheval au galop dans les sonneries de trompe. La baraque, les arbres du fond se retirent. Nous sommes dans le palais de Becket.

Des valets ont poussé en scène une sorte de lit bas, avec des coussins, des sièges. Au fond, entre deux piliers, un rideau sur une tringle à travers

*lequel on voit, en ombres, la fin d'un banquet.
On entend des chants, des éclats de rire... En
scène, accroupie sur un lit bas, Gwendoline qui
joue doucement d'un instrument ancien à cordes.*
     *Le rideau s'entrouvre. Becket paraît. Il va vers
Gwendoline tandis que le banquet et les éclats de
rire continuent là-bas, coupés de chansons grasses,
inintelligibles.*

GWENDOLINE, *s'arrêtant un instant de jouer.*

Ils mangent encore?

BECKET

Oui. Ils ont une faculté d'absorption inimaginable...

GWENDOLINE, *doucement, recommençant à jouer.*

Comment mon Seigneur peut-il vivre toutes ses
journées et une grande partie de ses nuits avec des
êtres pareils?

BECKET, *qui s'est accroupi à ses pieds
et la caresse.*

Avec de savants clercs, discutant du sexe des anges,
ton Seigneur s'ennuierait encore plus, mon petit chat.
Ils sont aussi loin de la vraie intelligence des choses
que les brutes.

GWENDOLINE, *doucement, rejouant.*

Je ne comprends pas toujours tout ce que mon
Seigneur me fait la grâce de me dire... Ce que je sais,
c'est qu'il est toujours très tard quand il vient me
retrouver...

BECKET, *qui la caresse.*

Je n'aime que te retrouver. La beauté est une des
rares choses qui ne font pas douter de Dieu.

GWENDOLINE

Je suis la captive de guerre de mon Seigneur et je
lui appartiens tout entière. Dieu l'a voulu ainsi,
puisqu'il a donné la victoire aux Normands, sur mon

peuple. Si les Gallois avaient vaincu, j'aurais épousé, devant Lui, un homme de ma race au château de mon père. Dieu ne l'a pas voulu.

BECKET, *doucement.*

C'est une morale comme une autre, mon petit chat. Mais, comme j'appartiens moi aussi à une race vaincue, j'ai l'impression que Dieu s'embrouille un peu. Joue encore...

GWENDOLINE *recommence à jouer,
elle dit soudain :*

Je mens. Tu es mon Seigneur sans Dieu. Et si les Gallois avaient vaincu, tu aurais aussi bien pu me voler au château de mon père. Je t'aurais suivi. *(Elle a dit ça gravement. Becket se lève soudain et s'éloigne. Elle lève sur lui des yeux angoissés, s'arrêtant de jouer.)* C'est mal ce que j'ai dit? Qu'a mon Seigneur?

BECKET, *fermé.*

Rien. Je n'aime pas qu'on m'aime, je te l'ai dit.

Le rideau s'entrouvre. Le roi paraît.

LE ROI, *qui est un peu ivre.*

Alors, mon fils, tu nous abandonnes? Ça y est, tu sais : Ils ont compris! Ils se battent avec tes fourchettes. Ils ont fini par découvrir que c'était pour se crever les yeux. Ça leur paraît très ingénieux de forme... Va, mon fils, ils vont te les casser. *(Becket passe derrière le rideau pour calmer les autres. On l'entend crier :)* « Messires, messires. Mais non, ce ne sont pas de petites dagues... Je vous assure... Seulement pour piquer la viande. Tenez, je vais vous montrer encore... »

D'énormes éclats de rire derrière le rideau. Le roi est descendu vers Gwendoline, la dévisageant.

LE ROI

C'est toi qui jouais comme ça, pendant qu'on mangeait?

GWENDOLINE, *abîmée dans un salut.*

Oui, mon Seigneur.

LE ROI

Décidément, tu as tous les talents... Relève-toi.
*Il la relève, la caressant un peu en la relevant.
Elle s'écarte, gênée.*

LE ROI, *avec un sourire méchant.*

Ça te fait peur, mon petit cœur? Bientôt tout
sera en ordre. *(Il retourne au rideau.)* Hé! Becket!
Assez bâfré, mes petits pères! Venez donc écouter
un peu de musique. La tripe satisfaite, il est bon
de s'élever l'esprit. Joue, toi... *(Becket et les quatre
barons, congestionnés, sont rentrés; Gwendoline a repris
son instrument. Le roi se vautre sur le lit bas, derrière
elle. Les barons, avec des soupirs, dégrafent leur ceintu-
ron, prennent place sur des sièges où ils ne vont pas
tarder à s'assoupir. Becket reste debout.)* Dis-lui qu'elle
nous chante quelque chose de triste... J'aime bien la
musique un peu triste après dîner, cela aide à digérer...
(Il a un hoquet.) On mange trop bien chez toi, Thomas. Où l'as-tu volé, ton cuisinier?

BECKET

Je l'ai acheté, mon prince. C'est un Français.

LE ROI

Ah? Tu n'as pas peur qu'il t'empoisonne? Qu'est-
ce que ça vaut un cuisinier français?

BECKET

Un bon, comme celui-là, presque le prix d'un cheval, mon Seigneur.

LE ROI, *sincèrement indigné.*

Quelle honte! Il n'y a plus de mœurs. Il n'y a pas
d'homme qui vaille un cheval. Si je te disais : « Donnant donnant » — tu te rappelles? — et que je te le
demande, tu me le donnerais?

BECKET

Certainement, mon prince.

LE ROI *a un sourire,*
caressant doucement Gwendoline.

Je ne te le demande pas. Je ne veux pas trop bien
manger tous les jours, ça abaisse l'homme. *(Il a*
encore un hoquet.) Plus triste, plus triste, ma petite
génisse... Ça ne passe pas, ce chevreuil. Fais-lui donc
jouer la complainte qu'on a faite sur ta mère, Becket.
C'est celle que je préfère.

BECKET, *soudain fermé.*

Je n'aime pas qu'on chante cette complainte-là,
mon prince.

LE ROI

Pourquoi? Tu as honte d'être le fils d'une Sarrasine? C'est ce qui fait la moitié de ton charme,
imbécile! Il y a bien une raison pour que tu sois plus
civilisé que nous tous. Moi, je l'adore cette chanson-
là. *(Gwendoline, incertaine, regarde Becket. Il y a un*
petit silence. Le roi dit, soudain, froid :) C'est un
un ordre, petit Saxon.

BECKET, *fermé, à Gwendoline.*

Chante.

> *Elle prélude quelques mesures, tandis que le*
> *roi s'installe commodément contre elle, rotant*
> *d'aise, et commence.*

GWENDOLINE, *chantant.*

Beau Sire Gilbert
S'en alla-t'en guerre
Par un beau matin
Délivrer le cœur
De notre Seigneur
Chez les Sarrasins.

Las! las! que mon cœur pèse
D'être sans amour;

Las! las! que mon cœur pèse
Tout le long du jour!

LE ROI, *chantant*.

Tout le long du jour!...
Après?

GWENDOLINE, *chantant*.

Pendant la bataille
D'estoc et de taille
Maures pourfendit
Mais pris par traîtrise
De sa jument grise,
Le soir il tombit.

Las! las! que mon cœur pèse
D'être sans amour.
Las! las! que mon cœur pèse
Tout le long du jour!

Blessé à la tête,
Pris comme une bête
Beau Gilbert s'en fut
Au marché d'Alger
De chaînes chargé
Pour être vendu.

LE ROI, *chantant en la caressant*.

Tout le long du jour!

GWENDOLINE

Belle Sarrasine
Du pacha la fille
S'en éprit d'amour,
Lui jura sa flamme
Et d'être sa femme
Et l'aimer toujours.

Las! las! que mon cœur pèse
D'être sans amour...

Las! las! que mon cœur pèse
Tout le long du jour!

LE ROI, *l'interrompant.*

Moi, c'est une histoire qui me tire les larmes,
mon fils! J'ai l'air d'un dur, je suis un tendre... On ne
se refait pas... Je me demande bien pourquoi tu n'aimes
pas qu'on la chante, cette chanson-là?... C'est merveilleux d'être un enfant de l'amour! Moi, quand je
vois la tête de mes augustes père et mère, je tremble
en pensant à ce qui a dû se passer. C'est merveilleux
que ta mère ait fait évader ton père et qu'elle soit
venue le retrouver à Londres avec toi dans son
ventre. Chante-nous la fin, toi, j'adore la fin.

GWENDOLINE, *achevant doucement.*

Lors au Saint Évêque
Demanda un prêtre
Pour la baptiser
Et en fit sa femme
Lui donnant son âme
Pour toujours l'aimer

Gai! gai! mon cœur est aise
D'être plein d'amour
Gai! gai! mon cœur est aise
D'être aimé toujours.

LE ROI, *rêveur.*

Et il l'a toujours aimée? Ce n'est pas arrangé
dans la chanson?

BECKET

Non, mon prince.

LE ROI, *qui s'est levé tout triste.*

C'est drôle, c'est cette fin heureuse, moi, qui me
rend triste... Tu y crois, toi, à l'amour?

BECKET, *toujours froid.*

A celui de mon père pour ma mère, oui, mon
prince.

*Le roi a été jusqu'aux quatre barons qui se
sont endormis sur leurs chaises et ronflent maintenant.*

LE ROI, *leur donnant
un coup de pied au passage.*

Ils se sont endormis, les brutes! C'est leur façon
à eux, de s'attendrir. Tu vois, mon petit Saxon, il
y a des jours où j'ai l'impression qu'il n'y a que toi
et moi de sensibles, en Angleterre. Nous mangeons
avec des fourchettes et nous avons des sentiments
infiniment distingués, tous les deux... Tu auras fait
de moi un autre homme en quelque sorte... Ce qu'il
faudrait me trouver maintenant, si tu m'aimais, c'est
une fille qui m'aide à me dégrossir. J'en ai assez des
putains. *(Il est revenu vers Gwendoline. Il la caresse
un peu et dit soudain :)* Donnant donnant. Tu te
rappelles?

BECKET, *tout pâle, après un temps.*

Je suis votre serviteur, mon prince, et tout ce
que j'ai est à vous. Mais vous avez bien voulu me
dire que j'étais aussi votre ami.

LE ROI

Justement, entre amis, ça se fait. *(Un petit temps.
Il sourit, méchant, il caresse toujours Gwendoline, ter-
rorisée.)* Tu tiens à elle, alors? Tu peux tenir à
quelque chose, toi? Dis-le-moi si tu y tiens? *(Becket
ne répond pas. Le roi sourit.)* Tu es incapable de
mentir. Je te connais. Non parce que tu as peur
du mensonge — je crois bien que tu es le seul homme
de ma connaissance qui n'a peur de rien, même pas
du ciel —, mais cela te répugne... Cela te paraît
inélégant. Tout ce qui semble être de la morale,
chez toi, c'est tout simplement de l'esthétique. C'est
vrai ou ce n'est pas vrai?

BECKET

C'est vrai, mon Seigneur.

LE ROI

Je ne triche pas en te la demandant? Je t'ai dit donnant donnant et je t'ai demandé ta parole de gentilhomme?

BECKET, *de glace.*

Et je vous l'ai donnée.

Un silence. Ils sont immobiles tous les deux. Le roi regarde Becket, qui ne le regarde pas, avec un sourire méchant. Le roi bouge soudain.

LE ROI

Bon! Je rentre. J'ai envie de me coucher tôt ce soir. Charmante, ta soirée, Becket! Il n'y a décidément que toi en Angleterre pour savoir traiter royalement tes amis... *(Il va donner des coups de pied aux barons endormis.)* Aide-moi à réveiller ces porcs et appelle mes gardes... *(Les barons se réveillent avec des soupirs et des borborygmes, le roi leur crie les bousculant :)* On rentre, barons, on rentre! Je sais que vous êtes des amateurs de bonne musique, mais enfin, on ne peut pas écouter de la musique toute la nuit!... Les bonnes nuits ça se termine au lit, n'est-ce pas, Becket?

BECKET, *tout raide.*

Je demande à mon prince la grâce d'un court instant.

LE ROI

Bon. Bon. Je ne suis pas une brute. Je vous attends à ma litière, tous les deux. Tu me salueras en bas.

Il est sorti, suivi des barons. Becket reste un instant immobile sous le regard de Gwendoline qui ne l'a pas quitté, puis il dit enfin doucement :

BECKET

Tu vas devoir le suivre, Gwendoline.

GWENDOLINE *demande posément.*

Mon Seigneur m'avait promise à lui?

BECKET

J'avais donné ma parole de gentilhomme de lui donner ce qu'il me demanderait. Je ne pensais pas que ce serait toi.

GWENDOLINE *demande encore.*

S'il me renvoie demain, mon Seigneur me reprendra-t-il?

BECKET, *fermé.*

Non.

GWENDOLINE

Dois-je demander aux filles de mettre mes robes dans le coffre?

BECKET

Il l'enverra prendre demain. Descends. On ne fait pas attendre le roi. Tu lui diras que je le salue.

GWENDOLINE, *posant sa viole sur le lit.*

Je laisse ma viole à mon Seigneur. Il sait déjà presque en jouer. *(Elle demande tout naturellement :)* Mon Seigneur n'aime rien au monde, n'est-ce pas?

BECKET, *fermé.*

Non.

GWENDOLINE *se rapproche et lui dit doucement.*

Tu es d'une race vaincue, toi aussi. Mais, à trop goûter le miel de la vie, tu as oublié qu'il restait quelque chose encore à ceux à qui on a tout pris.

BECKET, *impénétrable.*

Oui, je l'ai sans doute oublié. L'honneur est une lacune chez moi. Va.

*Gwendoline sort. Becket ne bouge pas. Puis
il va au lit, prend la viole, la regarde, puis la
jette soudain. Il tire la couverture de fourrure et
commence à défaire son pourpoint. Un garde
entre, traînant la fille saxonne de la forêt qu'il
jette au milieu de la pièce. Le roi paraît, hilare.*

LE ROI

Fils! tu l'avais oubliée! Tu vois comme tu es toujours négligent! Heureusement que moi je pense à
tout. Il paraît qu'il a fallu un petit peu tuer le père
et le grand frère pour la prendre, mais la voilà tout
de même. Tu vois que je suis ton ami et que tu as
tort de ne pas m'aimer. Tu m'avais dit qu'elle te
plaisait. Je ne l'ai pas oublié, moi. Bonne nuit, fils!

*Il sort, suivi des gardes. La fille, encore ahurie,
regarde Becket qui n'a pas bougé. Le reconnais-
sant, elle se relève et lui sourit. Un long temps,
puis elle demande avec une sorte de coquetterie
sournoise :*

LA FILLE

Il faut que je me déshabille, mon Seigneur?

BECKET, *qui n'a pas bougé.*

Bien sûr. *(La fille commence à se déshabiller. Becket
la regarde, l'œil froid, sifflant, l'air absent, quelques
mesures de sa marche familière. Soudain, il s'arrête,
va à elle, prend brutalement la fille ahurie et demi-nue,
par les épaules et lui demande :)* J'espère que tu as
une belle âme et que tu trouves tout cela bien
ignoble, toi?

*Un valet paraît, muet, affolé, il s'arrête sur le
seuil. Avant qu'il ait pu parler, le roi entre en
courant presque. Il s'arrête, il dit, sombre :*

LE ROI

Je n'ai pas eu de plaisir, Thomas. Elle s'est laissé
coucher comme une morte sur la litière et puis,
soudain, elle a tiré un petit couteau je ne sais d'où.

Il y avait du sang partout... C'était dégoûtant.
(Becket a lâché la fille. Le roi ajoute, hagard :) Elle
aurait aussi bien pu me tuer, moi! *(Un silence. Il
dit soudain :)* Renvoie cette fille. Je vais coucher
dans ta chambre ce soir; j'ai peur. *(Becket fait un
signe au valet qui emmène la fille demi-nue. Le roi
s'est jeté tout habillé sur le lit, avec un soupir de
bête.)* Prends la moitié du lit.

BECKET

Je dormirai par terre, mon prince.

LE ROI

Non, viens contre moi. Je ne veux pas être seul
ce soir. *(Il le regarde et murmure :)* Tu me détestes,
je ne vais même plus avoir confiance en toi...

BECKET

Vous m'avez donné votre sceau à garder, mon
prince. Et les trois lions d'Angleterre qui sont gravés
dessus me gardent, moi aussi.

*Il est allé souffler les chandelles, sauf une. Il
fait presque noir.*

LE ROI, *la voix déjà embrouillée,*
dans l'ombre.

Je ne saurai jamais ce que tu penses...

*Becket, qui a jeté une couverture de fourrure
sur le roi et s'est étendu près de lui sur des
coussins, lui dit doucement :*

BECKET

L'aube va venir, mon prince. Il faut dormir. C'est
demain que nous passons sur le continent. Dans
huit jours nous serons devant l'armée du roi de
France et nous aurons enfin des réponses simples à
tout.

*Il s'est étendu près du roi. Il y a un silence
pendant lequel, peu à peu, le ronflement du roi*

*grandit. Soudain, il a un gémissement et il se
met à crier, s'agitant confusément :*

LE ROI, *dans son sommeil.*

Ils me coursent! Ils me coursent! Ils sont armés!
Arrête-les! Arrête-les!

*Becket s'est dressé sur un coude; il touche le
roi qui se réveille avec un grand cri de bête.*

BECKET

Mon prince... Mon prince... Dormez en paix, je
suis là.

LE ROI

Ah! tu es là, Thomas? Ils me poursuivaient.

*Il se retourne et se rendort avec un soupir.
Peu à peu, son ronflement reprendra doucement.
Becket est resté dressé sur un coude; il le recouvre
avec un geste presque tendre.*

BECKET

Mon prince... Si tu étais mon vrai prince, si tu
étais de ma race, comme tout serait simple. De quelle
tendresse je t'aurais entouré, dans un monde en
ordre, mon prince. Chacun l'homme d'un homme,
de bas en haut, lié par serment et n'avoir plus rien
d'autre à se demander, jamais. *(Un petit temps. Le
ronflement du roi a grandi. Becket soupire et dit avec
un petit sourire :)* Mais moi, je me suis introduit en
trichant, dans la file. — double bâtard. Dors tout de
même, mon prince. Tant que Becket sera obligé
d'improviser son honneur, il te servira. Et si un jour,
il le rencontre... *(Un petit temps. Il demande :)* Mais
où est l'honneur de Becket?

*Il s'est recouché avec un soupir, à côté du roi.
Le ronflement du roi se fait plus fort. La chan-
delle grésille. La lumière baisse encore...*

LE RIDEAU TOMBE

DEUXIÈME ACTE

Le rideau se relève sur le même décor de piliers enchevêtrés qui figure maintenant une forêt en France, où est dressée la tente du roi, encore fermée. Une sentinelle au loin. C'est le petit matin. Autour d'un feu de camp, les quatre barons accroupis cassent la croûte, en silence. Le premier demande, après un temps (leurs réactions à tous les quatre sont assez lentes) :

PREMIER BARON

Qui c'est, ce Becket?

DEUXIÈME BARON, *légèrement surpris.*

C'est le chancelier d'Angleterre.

PREMIER BARON

J'entends; mais qui est-ce, au juste?

DEUXIÈME BARON

Eh bien, le chancelier d'Angleterre! Et le chancelier d'Angleterre, ç'est le chancelier d'Angleterre. Je ne vois pas quelle question on peut se poser à ce sujet.

PREMIER BARON

Tu ne comprends pas. Une supposition que le chancelier d'Angleterre ce soit un autre homme... Moi, par exemple...

DEUXIÈME BARON

C'est une supposition idiote.

PREMIER BARON

C'est une supposition. Je serais aussi chancelier d'Angleterre, mais je ne serais pas le même chancelier d'Angleterre que Becket. Ça, tu comprends?

DEUXIÈME BARON, *méfiant.*

Oui.

PREMIER BARON

Je peux donc me poser la question.

DEUXIÈME BARON

Quelle question?

PREMIER BARON

De savoir qui c'est, ce Becket.

DEUXIÈME BARON

Comment qui c'est ce Becket? C'est le chancelier d'Angleterre.

PREMIER BARON

Oui, mais je me pose la question de savoir, en tant qu'homme, ce qu'il est.

DEUXIÈME BARON *le regarde et conclut, triste.*

Tu as mal quelque part?

PREMIER BARON

Pourquoi?

DEUXIÈME BARON

Parce qu'un baron qui se pose des questions est un baron malade. Ton épée qu'est-ce que c'est?

PREMIER BARON

Mon épée?

DEUXIÈME BARON

Oui.

PREMIER BARON, *la main sur la garde.*

C'est mon épée! Et celui qui en doute...

DEUXIÈME BARON

Bon. Tu as répondu comme un gentilhomme. On
n'est pas là pour se poser des questions, nous autres,
on est là pour répondre.

PREMIER BARON

Justement. Réponds-moi.

DEUXIÈME BARON

Pas aux questions! Aux ordres. On ne te demande
pas de penser dans l'armée. Quand tu es devant un
gens d'arme français, tu te poses des questions?

PREMIER BARON

Non.

DEUXIÈME BARON

Et lui?

PREMIER BARON

Non plus.

DEUXIÈME BARON

Vous cognez tous les deux, c'est tout. Si vous vous
mettiez à vous questionner comme des femmes, il
n'y aurait plus qu'à apporter des chaises sur le champ
de bataille. Les questions à poser, dis-toi bien qu'elles
ont été posées avant et par des plus malins que toi,
en haut lieu.

PREMIER BARON, *vexé.*

Je voulais dire que je ne l'aimais pas.

DEUXIÈME BARON

Tu n'avais qu'à dire ça! On t'aurait compris. Ça,

c'est ton droit. Moi non plus, je ne l'aime pas. *(Il ajoute comme si cela allait de soi :)* D'abord, c'est un Saxon.

PREMIER BARON

D'abord!

TROISIÈME BARON

Il y a une chose qu'on ne peut pas dire, c'est qu'il ne se bat pas bien. Hier, quand le roi était dans la presse, son écuyer tué, il s'est ouvert un passage à travers les Français, il lui a pris son oriflamme et il a attiré tout le monde à lui.

PREMIER BARON

D'accord, il se bat bien!

TROISIÈME BARON, *au deuxième.*

Il se bat pas bien?

DEUXIÈME BARON, *buté.*

Si. Mais c'est un Saxon.

PREMIER BARON, *au quatrième qui n'a encore rien dit.*

Et toi, qu'est-ce que tu en penses, Regnault?

QUATRIÈME BARON, *placide, avalant posément sa bouchée.*

J'attends.

PREMIER BARON

Qu'est-ce que tu attends?

QUATRIÈME BARON

Qu'il se montre. Il y a des gibiers comme ça, tu les suis tout le jour dans la forêt; au bruit, à l'odeur, à la trace... Mais ça ne servirait à rien de te précipiter l'épieu en avant; tu raterais tout, parce que tu ne sais pas au juste à quelle bête tu as affaire. Faut que tu attendes.

PREMIER BARON

Quoi?

QUATRIÈME BARON

Qu'elle se montre. Et la bête, si tu es patient, elle finit toujours par se montrer. La bête, elle en sait plus long que l'homme, presque toujours, mais l'homme il a quelque chose pour lui que la bête n'a pas : il sait attendre. Moi, pour le Becket, j'attends.

PREMIER BARON

Quoi?

QUATRIÈME BARON

Qu'il se montre. Qu'il débusque. *(Il s'est remis à manger.)* Ce jour-là, on saura qui c'est.

> *On entend la petite marche de Becket sifflée en coulisse.*

BECKET *entre, armé.*

Je vous salue, messieurs! *(Les quatre barons se sont levés, polis. Ils saluent militairement. Becket demande :)* Le roi dort encore?

PREMIER BARON, *raide.*

Il n'a pas appelé.

BECKET

Le maréchal de camp est venu présenter l'état des pertes?

PREMIER BARON

Non.

BECKET

Pourquoi?

DEUXIÈME BARON, *bourru.*

Il en faisait partie, des pertes.

BECKET

Ah?

PREMIER BARON

Je n'étais pas loin de lui quand c'est arrivé. Un coup de lance l'a basculé. Une fois par terre, la piétaille s'en est chargée.

BECKET

Pauvre Beaumont! Il était si fier de son armure neuve.

DEUXIÈME BARON

Il faut croire qu'elle avait un petit trou. Ils l'ont saigné. A terre. Cochons de Français!

BECKET *a un geste, léger.*

C'est la guerre.

PREMIER BARON

La guerre est un sport comme un autre. Il y a des règles. Autrefois, on vous prenait à rançon. Un chevalier contre un chevalier; ça c'était se battre!

BECKET *sourit.*

Depuis qu'on a donné des coutelas à la piétaille, la lançant contre les chevaux sans aucune protection personnelle, elle a un peu tendance à chercher le défaut de l'armure des chevaliers qui ont l'imprudence de tomber de cheval. C'est ignoble mais je la comprends.

PREMIER BARON

Si on se met à comprendre la piétaille, ça ne sera plus des guerres, ça sera des boucheries!

BECKET

Le monde va certainement vers des boucheries, Baron. La leçon de cette bataille, qui nous a coûté trop cher, est que nous devons former, nous aussi, des compagnies de coupe-jarrets, voilà tout.

PREMIER BARON

Et l'honneur du soldat, Seigneur chancelier?

BECKET, *un peu sec.*

L'honneur du soldat, Baron, c'est de vaincre. Ne soyons pas hypocrites. La noblesse normande s'est fort bien chargée de l'apprendre à ceux qu'elle a vaincus. Je réveille le roi. Notre entrée dans la ville est prévue pour huit heures et le *Te Deum* à la cathédrale à neuf heures et quart. Il serait impolitique de faire attendre l'évêque français. Il faut que ces gens-là collaborent avec nous de bon cœur.

PREMIER BARON *grommelle.*

De mon temps, on égorgeait tout et on entrait après!

BECKET

Dans une ville morte. Je veux donner au roi des villes vivantes qui l'enrichissent. A partir de ce matin, huit heures, je suis le meilleur ami des Français.

PREMIER BARON *demande encore.*

Et l'honneur anglais, alors?

BECKET, *doucement.*

L'honneur anglais, Baron, en fin de compte, ça a toujours été de réussir.

> *Il est entré dans la tente du roi, souriant. Les quatre barons se regardent, hostiles.*

DEUXIÈME BARON *murmure.*

Quelle mentalité!

QUATRIÈME BARON *conclut sentencieux.*

Il faut l'attendre. Un jour, il débusquera.

> *Les quatre barons s'éloignent. Becket lève le rideau de la tente et l'accroche. On aperçoit le roi couché avec une fille.*

LE ROI, *bâillant.*

Bonjour, mon fils! Tu as bien dormi?

BECKET

Un petit souvenir français à l'épaule gauche m'en a empêché, mon prince. J'en ai profité pour réfléchir.

LE ROI, *soucieux.*

Tu réfléchis trop. Ça finira par te jouer un mauvais tour. C'est parce qu'on pense, qu'il y a des problèmes. Un jour, à force de penser, tu te trouveras devant un problème, ta grosse tête te présentera une solution et tu te flanqueras dans une histoire impossible — qu'il aurait été beaucoup plus simple d'ignorer, comme le font la plupart des imbéciles qui, eux, vivent vieux. Qu'est-ce que tu en dis de ma petite Française? J'adore la France, moi!

BECKET *sourit.*

Moi aussi, mon prince, comme tous les Anglais.

LE ROI

Il y fait chaud, les filles sont belles, le vin est bon. Je compte y passer quelques semaines tous les hivers.

BECKET

Il n'y a qu'un ennui, c'est que ça coûte cher. Près de deux mille hommes hors de combat hier.

LE ROI

Beaumont a fait ses comptes?

BECKET

Oui. Et il s'est ajouté à la liste.

LE ROI

Blessé? *(Becket ne répond pas, le roi frissonne. Il dit, sombre, soudain :)* Je n'aime pas apprendre la mort des gens que je connais. J'ai l'impression que ça va lui donner des idées...

BECKET

Mon prince, voyons-nous les affaires? Nous n'avons pas dépouillé les dépêches, hier.

LE ROI

Hier, on s'est battus! On ne peut pas tout faire.

BECKET

C'était vacances! Il faut travailler double aujourd'hui.

LE ROI, *ennuyé.*

Avec toi, ça finirait par être ennuyeux, d'être roi. Toujours à se préoccuper des autres... Il me semble que j'entends l'archevêque. Tu étais meilleur compagnon autrefois! Moi, quand je t'ai nommé chancelier, avec tous les revenus attachés à la charge, j'ai cru que tu allais tout simplement faire deux fois plus la fête, voilà tout!

BECKET

Mais je m'amuse, moi, mon prince, en ce moment. Je m'amuse beaucoup.

LE ROI

Travailler au bien de mes peuples, cela t'amuse, toi? Tu les aimes ces gens-là? D'abord, ils sont trop nombreux. On ne peut pas les aimer, on ne les connaît pas! Et puis, tu mens, tu n'aimes rien.

BECKET, *net soudain.*

J'aime au moins une chose, mon prince, et cela j'en suis sûr : Bien faire ce que j'ai à faire.

LE ROI, *goguenard.*

Toujours l'é... l'é..., comment c'est ton mot, je l'ai oublié?

BECKET *sourit.*

L'esthétique?

LE ROI

L'esthétique! Toujours l'esthétique?

BECKET

Oui, mon prince.

LE ROI, *tapant sur la croupe de la fille.*

Et ça, ce n'est pas de l'esthétique? Il y a des gens qui s'extasient sur les cathédrales. Ça aussi, c'est réussi! Quelle rondeur... *(Il demande, naturel comme s'il proposait une dragée :)* Tu en as envie?

BECKET, *souriant.*

Les affaires, mon prince!

LE ROI, *boudeur, comme un mauvais élève.*

Bon! Les affaires. Je t'écoute. Assieds-toi.

BECKET, *s'asseyant familièrement*
près de lui, la fille entre eux, médusée.

Les nouvelles ne sont pas bonnes, mon prince.

LE ROI *a un geste insouciant.*

Les nouvelles ne sont jamais bonnes! C'est connu. La vie n'est faite que de difficultés. Le secret, car il y en a un, mis au point par plusieurs générations de philosophes légers, c'est de ne leur accorder aucune importance. Elles finissent par se manger les unes les autres et tu te retrouves dix ans plus tard ayant tout de même vécu. Les choses s'arrangent toujours...

BECKET

Oui. Mais mal. Mon prince, quand vous jouez à la paume ou à la crosse, laissez-vous les choses s'arranger? Attendez-vous la balle dans votre raquette en disant : « Elle finira bien par venir? »

LE ROI

Je t'arrête. Il s'agit là de choses sérieuses. Une partie de paume c'est important, ça m'amuse.

BECKET

Et si je vous apprenais que gouverner cela peut être aussi amusant qu'une partie de cricket? Allons-nous laisser la balle aux autres, mon prince, ou allons-nous tâcher de marquer le point tous les deux, comme deux bons joueurs anglais?

LE ROI, *réveillé soudain par l'intérêt sportif.*

Le point, pardieu, le point! Au mail, je me crève, je tombe, je me désosse, je triche au besoin, mais je n'abandonne jamais le point!

BECKET

Eh bien, voilà où en est le score. Lorsque je fais la synthèse de toutes les informations que j'ai reçues de Londres depuis que nous sommes passés sur le continent, une chose me frappe : c'est qu'il y a en Angleterre une puissance qui grandit jusqu'à concurrencer la vôtre, mon Seigneur, c'est celle de votre clergé.

LE ROI

Nous avons fini par obtenir qu'ils paient la taxe. C'est déjà quelque chose!

BECKET

C'est un peu d'argent. Et ils savent qu'on calme toujours les princes avec un peu d'argent. Mais ces gens-là s'y entendent admirablement pour reprendre d'une main ce qu'ils ont dû lâcher de l'autre. C'est un petit tour d'escamoteur pour lequel ils ont des siècles d'expérience derrière eux.

LE ROI, *à la fille.*

Écoute, ma petite caille, instruis-toi. Le monsieur dit des choses profondes!

BECKET, *jouant le même jeu, léger.*

Petite caille française, instruis-nous plutôt. Que préférerais-tu quand tu seras mariée — si tu te maries malgré les accrocs de ta vertu — être la

maîtresse chez toi ou que le curé de ton village y
vienne faire la loi?

LE ROI, *un peu vexé, se dresse soudain à genoux
sur le lit, cachant la fille ahurie sous un édredon.*

Soyons sérieux, Becket! Les prêtres sont toujours
à intriguer, je le sais. Mais je sais aussi que je peux
les briser quand je veux.

BECKET

Soyons sérieux, Altesse. Si vous ne brisez pas tout
de suite, dans cinq ans, il y aura deux rois en Angleterre. L'Archevêque-primat de Cantorbéry et vous.
Et, dans dix ans, il n'y en aura plus qu'un.

LE ROI *demande, un peu penaud.*

Et ça ne sera pas moi?

BECKET, *froid.*

Je le crains.

LE ROI *crie soudain.*

Ce sera moi, Becket! Chez les Plantagenêts on ne
se laisse rien prendre! A cheval! A cheval, Becket,
et pour la grandeur de l'Angleterre! Sus aux fidèles!
Pour une fois ça nous changera.

*L'édredon s'agite soudain. La fille en sort
ébouriffée, congestionnée, suppliant :*

LA FILLE

J'étouffe, Seigneur!

LE ROI *la regarde, étonné,
il l'avait oubliée. Il éclate de rire.*

Qu'est-ce que tu fais là, toi? Tu espionnes pour
le compte du clergé? File à côté! Rhabille-toi et
rentre chez toi. Donne-lui une pièce d'or, Thomas.

LA FILLE *rassemble ses hardes et s'en cache,
elle demande :*

Je dois revenir au camp ce soir, Seigneur?

LE ROI, *exaspéré.*

Oui. Non. Je ne sais pas! On s'occupe de l'Archevêque en ce moment, pas de toi! File! *(La fille
disparaît dans l'arrière-tente. Le roi crie :)* A cheval,
Thomas! Pour la grandeur de l'Angleterre, avec mon
gros poing et ta grosse tête, on va faire du bon
travail tous les deux! *(Il est inquiet soudain, il change
de ton.)* Une minute. On n'est jamais sûr d'en retrouver une qui fasse aussi bien l'amour. *(Il va vers
l'arrière-tente et crie :)* Reviens ce soir, mon ange.
Je t'adore! Tu as les plus jolis yeux du monde!...
(Il revient et confie à Becket :) Il faut toujours leur
dire ça, même quand on les paie, si on veut vraiment avoir du plaisir avec elles. Ça aussi, c'est de
la haute politique! *(Sa peur de petit garçon devant
les prêtres lui revient soudain.)* Et Dieu, qu'est-ce
qu'il dira de tout ça? Après tout ce sont ses évêques.

BECKET *a un geste léger.*

Nous ne sommes plus des petits garçons. Vous
savez très bien qu'on finit toujours par s'arranger
avec Dieu, sur la terre... Allez vite vous habiller,
mon prince. Nous entrons dans la ville à huit heures
et « Il » nous attend dans sa cathédrale à neuf
heures et quart, pour le *Te Deum.* Avec des petites
politesses, on le calme très bien.

LE ROI, *qui le regarde, plein d'admiration.*

Quelle canaille tu fais!... *(L'embrassant soudain
gentiment.)* Je t'aime, mon Thomas! Avec un premier ministre ennuyeux, je n'aurais eu le courage de
rien!

BECKET *se dégage avec un imperceptible agacement,
que le roi ne voit pas.*

Vite, mon prince! Maintenant, nous allons être en
retard.

LE ROI, *filant.*

Je suis prêt dans un instant! Je me fais raser?

BECKET *sourit.*

Il vaudrait mieux, après deux jours de bataille...

LE ROI

Que de frais pour des Français vaincus! Je me
demande parfois si tu ne raffines pas un peu trop,
Thomas.

*Il est sorti. Becket ferme la tente comme deux
soldats amènent un petit moine, les mains liées.*

BECKET

Qu'est-ce que c'est?

LE SOLDAT

Un petit moine qu'on vient d'arrêter, Seigneur.
Il rôdait autour du camp. Il avait un couteau sous
sa robe. On l'amène au prévôt.

BECKET

Tu as le couteau? *(Le soldat le lui tend. Becket
regarde le couteau, puis le petit moine.)* Tu es Français?

LE PETIT MOINE

No, I am English.

BECKET

D'où?

LE PETIT MOINE, *sombre, jette comme une insulte.*

Hastings!

BECKET, *amusé.*

Tiens! *(Au soldat :)* Laissez-le-moi. Je vais l'interroger.

LE SOLDAT

C'est qu'il est turbulent, Seigneur. Il se débattait
comme un vrai diable. Il a fallu se mettre à quatre
pour lui prendre son couteau et lui lier les mains.

Il a blessé le sergent. On l'aurait bien abattu tout de suite, mais le sergent a fait remarquer qu'il y aurait peut-être des choses à lui faire dire. C'est pour ça qu'on l'amène au prévôt. *(Il ajoute :)* C'était pour vous dire qu'il est mauvais...

BECKET, *qui n'a pas cessé de regarder curieusement le petit moine.*

C'est bien. Restez à distance. *(Les soldats s'éloignent. Becket regarde toujours le petit moine, jouant avec le couteau.)* Qu'est-ce que tu fais, dans ton couvent, avec ça?

LE PETIT MOINE

I cut my bread with it.

BECKET, *calme.*

Parle donc français, tu le sais très bien.

LE PETIT MOINE *ne peut s'empêcher de crier.*

How do you know it?

BECKET

Je sais très bien le saxon et très bien le français. Et quand un Saxon sait les deux langues, je l'entends. Tout se déforme, mon petit, même le saxon. *(Il ajoute, sec :)* Et, au point où tu en es, il vaut autant pour toi qu'on te croie Français que Saxon. C'est moins mal vu.

LE PETIT MOINE, *après un temps, soudain.*

J'ai accepté de mourir.

BECKET *sourit.*

Après. Mais avant, avoue que c'est stupide? *(Il regarde le couteau qu'il tient toujours entre deux doigts.)* C'était pour qui cet instrument de cuisine? *(Le petit moine ne répond pas.)* Avec ça, tu ne pouvais espérer tuer qu'une fois. Tu n'as pas fait le voyage pour un simple soldat normand, j'imagine?

Le petit moine ne répond pas.

BECKET, *un peu plus sec.*

Mon petit bonhomme, ils vont te passer à la question. Tu n'as jamais vu ça? Moi, il m'est arrivé professionnellement d'être tenu d'y assister. On croit qu'on a de la force d'âme, mais ils sont terriblement ingénieux et ils ont une science de l'anatomie que nos ânes de médecins devraient bien leur emprunter. Crois-en mon expérience, on parle toujours. Si je me porte garant que tu as tout avoué, cela sera plus court, pour toi. C'est appréciable. *(Le moine ne répond pas.)* D'ailleurs, il y a un détail amusant dans cette histoire. Tu dépends directement de ma juridiction. Le roi m'a donné les titres et les bénéfices de toutes les abbayes de Hastings en me faisant chancelier. Il a dû y mettre de la malice en choisissant justement cet endroit-là, mais j'ai fait semblant de ne pas m'en apercevoir.

LE PETIT MOINE *a un recul et demande :*

Vous êtes Becket?

BECKET

Oui. *(Il regarde le couteau qu'il tient toujours entre deux doigts, un peu dégoûté.)* Tu ne coupais pas seulement ton pain. Il pue l'oignon, ton couteau, comme un couteau de vrai petit Saxon. Ils sont bons, hein, les oignons de Hastings? *(Il regarde encore le couteau avec un étrange sourire, puis le petit moine muet.)* Tu ne m'as toujours pas dit pour qui? Si c'était pour moi, avoue que le moment est rudement bien choisi, à ce détail près que c'est moi qui tiens le couteau. *(Le moine ne répond pas.)* Tu sais plusieurs langues, mais tu es muet. Notre dialogue n'ira pas loin, je le sens. Si c'était pour le roi, cela n'avait aucun sens, mon petit. Il a trois fils. Les rois, ça repousse! Tu croyais délivrer ta race à toi tout seul?

LE PETIT MOINE

Non. *(Il ajoute, sourdement :)* Me délivrer, moi.

BECKET

De quoi?

LE PETIT MOINE

De ma honte.

BECKET, *soudain plus grave.*

Quel âge as-tu?

LE PETIT MOINE

Seize ans.

BECKET, *doucement.*

Il y a cent ans que les Normands occupent l'île.
Elle est vieille, la honte. Ton père et ton grand-père
l'ont bue. La coupe est vide maintenant.

LE PETIT MOINE

Non.

BECKET *a comme une ombre dans le regard;*
il continue doucement.

Alors, un beau matin, à seize ans, tu t'es réveillé
dans ta cellule, à la cloche du premier office, dans
la nuit. Et c'est les cloches qui t'ont dit de reprendre
toute la honte à ton compte?

LE PETIT MOINE *a comme un cri de bête traquée.*

Qui vous a dit ça?

BECKET, *doucement, négligent.*

Je t'ai dit que j'étais polyglotte. *(Il demande,*
indifférent :) Tu sais que je suis Saxon comme toi?

LE PETIT MOINE, *fermé.*

Oui.

BECKET, *souriant.*

Crache. Tu en as envie.

   Le petit moine le regarde un peu ahuri, puis
il crache.

BECKET, *toujours souriant.*

Cela fait du bien, n'est-ce pas? *(Il parle net, sou-*

dain.) Le roi m'attend et notre conversation serait trop longue. Mais je tiens à te garder en vie, pour l'avoir avec toi un de ces jours. *(Il ajoute, léger :)* C'est du pur égoïsme, tu sais... Ta vie n'a évidemment aucune importance pour moi, mais il est très rare que le destin vous amène votre propre fantôme, jeune *(Il appelle :)* Soldat! *(Le soldat revient et se fige au garde-à-vous dans un bruit d'armes.)* Va me chercher le prévôt tout de suite. *(Le soldat part en courant, Becket revient au petit moine, muet.)* Un matin charmant, n'est-ce pas? Ce soleil déjà chaud sous cette très légère brume... C'est très beau, la France! Mais je suis comme toi, je préfère le solide brouillard de la lande de Hastings. C'est du luxe, le soleil. Et nous sommes d'une race qui méprisait le luxe, tous les deux... *(Le prévôt du camp s'est avancé, suivi du soldat. C'est un personnage important, mais Becket est inaccessible, même pour un prévôt, cela se sent.)* Monsieur le Prévôt, vos hommes ont arrêté ce moine qui rôdait autour du camp. C'est un convers du couvent de Hastings et il dépend directement de ma juridiction. Vous allez prendre vos dispositions pour le faire repasser en Angleterre et le faire emmener au couvent où son abbé devra le garder à vue, jusqu'à mon retour. Aucune charge particulière contre lui, pour l'instant. J'entends qu'il soit traité sans brutalité, mais étroitement surveillé. Vous m'en répondez.

LE PRÉVÔT

Bien, mon Seigneur.

> *Il fait un signe. Les soldats ont encadré le petit moine. Ils l'emmènent sans que Becket ait eu un nouveau regard pour lui. Resté seul, Becket regarde le couteau, la narine offensée, il murmure, reniflant, un peu dégoûté.*

BECKET

C'est touchant, mais cela pue tout de même... *(Il jette le couteau au loin, siffle sa petite marche, se dirigeant vers la tente. Il entre dans la tente, criant léger :)* Eh bien, mon prince, vous vous êtes fait

beau? Il est temps de partir ou nous allons faire
attendre l'évêque!...

> *Des cloches joyeuses éclatent soudain. La tente
> disparaît dès que Becket y est entré. Le décor se
> transforme, une petite perspective de rue descend
> des cintres.*
> *La rue. Ce sont les mêmes piliers, mais les
> soldats faisant la haie les garnissent soudain
> d'oriflammes. Le roi et Becket avancent dans la
> ville, à cheval, précédés de deux trompettes, le roi
> légèrement en avant sur Becket et suivis tous deux
> des quatre barons. Bruit des acclamations de la
> foule. Cloches. Trompettes pendant toute la scène.*

LE ROI, *ravi, saluant.*

Ils nous adorent ces Français!

BECKET

Cela m'a coûté assez cher. J'ai fait distribuer de
l'argent à la populace ce matin. Les bourgeois, en
revanche, boudent chez eux.

LE ROI *demande.*

Patriotes?

BECKET

Non. Mais ils m'auraient coûté trop cher. Il y
a aussi, dans la foule, un certain nombre de soldats
de Votre Altesse, déguisés pour entraîner les hési-
tants.

LE ROI

Pourquoi joues-tu toujours à tuer toutes mes illu-
sions? Je me croyais aimé pour moi-même! Tu es
un homme amoral, Becket. *(Il demande soudain
inquiet :)* On dit amoral ou immoral?

BECKET *sourit.*

Cela dépend de ce qu'on veut dire. La seule chose
qui soit immorale, mon prince, c'est de ne pas faire ce
qu'il faut, quand il le faut.

LE ROI, *saluant la foule, gracieux.*

En somme, c'est un remède auquel tu ne crois pas, la morale?

BECKET, *saluant aussi après lui.*

Seulement pour l'usage externe, mon prince.

LE ROI

Elle est jolie, la petite à droite sur le balcon! Si on s'arrêtait?

BECKET

Impossible, l'horaire du cortège est très strict et l'évêque nous attend à la cathédrale.

LE ROI

Ça serait tout de même plus amusant que d'aller voir un évêque. J'en ai trop vu, d'évêques! J'en ai une indigestion! Repère la maison.

BECKET

C'est noté. En face de l'Hôtellerie du Cerf, rue des Tanneurs.

LE ROI, *étonné.*

Tu es un homme étonnant. Tu connais cette ville?

BECKET

J'y ai étudié le français. Mon père avait tenu à celle-là. C'est celle où l'accent y est le plus pur.

LE ROI

Alors, tu connais toutes les femmes, ici?

BECKET, *souriant.*

Oui. Mais elles ont dû vieillir. Mon Seigneur, vous vous rappelez de ce que vous devez dire à l'évêque?

LE ROI, *saluant.*

Mais oui, mais oui! Tu penses comme ça peut

être important, ce que j'ai à dire à un évêque français, dont je viens de prendre la ville par force!

BECKET

Très important. Pour notre politique à venir.

LE ROI

Je suis le plus fort ou je ne suis pas le plus fort?

BECKET

Vous êtes le plus fort, aujourd'hui. C'est pourquoi
il faut être particulièrement courtois avec l'évêque.
Vous paraîtrez à cet homme mille fois plus fort
encore.

LE ROI

Courtois! Avec un vaincu! Mon grand-père, quand
on lui avait résisté, lui, égorgeait tout le monde. On
s'amollit depuis l'invention des fourchettes!

BECKET

Mon prince, il ne faut jamais désespérer son ennemi.
Cela le rend fort. La douceur est une meilleure politique. Elle dévirilise. Une bonne occupation ne doit
pas briser, elle doit pourrir.

LE ROI, *goguenard.*

Tu vas me donner des leçons d'occupation, toi,
petit Saxon?

BECKET

Justement, mon prince. J'ai eu cent ans pour y
penser.

LE ROI, *saluant, gracieux.*

Et mon plaisir, qu'est-ce que tu en fais? Si ça
me chantait à moi d'entrer dans ce tas de mangeurs
de grenouilles tout de suite au lieu d'aller faire
le singe à leur *Te Deum?* Je peux bien me passer un
plaisir, non? Je suis le vainqueur.

BECKET

Ce serait une faute. Et pire, une faiblesse. On peut tout se permettre, mon prince, mais il ne faut rien se passer.

LE ROI

Bien, papa! Quel cafard tu fais aujourd'hui. Regarde la jolie rousse debout sur la fontaine! Donne des ordres pour que le cortège suive le même chemin au retour. *(Il avance, la tête tournée sur son cheval, pour voir encore la fille jusqu'à la limite du possible. Ils sont passés, les quatre barons fermant la marche. Bruit d'orgues. Les oriflammes disparaissent avec les soldats : c'est la cathédrale. Le décor est vide. On entend les orgues, des accords, l'organiste s'exerce, puis on pousse, côté cour, une sorte de cloison qui figure la sacristie. Le roi, habillé pour la cérémonie, les barons, un prêtre inconnu et un enfant de chœur entrent. Ils semblent attendre. Le roi, impatienté, s'assied sur un tabouret. Becket n'est pas là.)* Mais où est Becket? Et qu'est-ce qu'on attend?

PREMIER BARON

Il a seulement dit d'attendre, mon Seigneur. Qu'il y avait quelque chose qui n'était pas tout à fait au point.

LE ROI *se lève et marche de mauvaise humeur.*

Que de cérémonies pour un évêque français! De quoi ai-je l'air, moi, à faire le pied de grue dans cette sacristie, comme un jeune marié?

QUATRIÈME BARON

C'est bien mon avis, mon Seigneur. Je ne comprends pas qu'on n'entre pas. Après tout, elle est à vous cette cathédrale, maintenant! *(Il demande :)* On y fonce tout de même, l'épée au poing, mon Seigneur?

LE ROI, *soucieux, allant se rasseoir sagement.*

Non. Becket ne serait pas content. Et il en sait tout de même plus long que nous sur ce qu'il convient

de faire. S'il nous fait attendre, c'est qu'il doit y
avoir une raison. *(Becket entre affairé.)* Alors, Becket?
On gèle ici! Qu'est-ce qu'ils ont ces Français à nous
faire moisir dans leur sacristie?

BECKET

C'est moi qui en ai donné l'ordre, mon Seigneur.
Une mesure de sécurité. Les hommes de ma police
ont la certitude qu'un soulèvement français devait
éclater pendant la cérémonie.

Le roi s'est levé.

DEUXIÈME BARON *tire son épée imité des autres.*
Tudieu!

BECKET

Rentrez vos armes. Ici, le roi ne risque rien. J'ai
fait garder les issues.

DEUXIÈME BARON

Nous permettez-vous d'aller nettoyer tout ça, mon
prince? Avec nous, ça ne traînera pas.

QUATRIÈME BARON

On entre dedans?

BECKET, *sec.*

Je vous l'interdis. Nous ne sommes pas en nombre.
Je fais entrer de nouvelles troupes dans la ville et
évacuer la cathédrale. Jusqu'à ce que ce soit fini,
je vous remets la personne du roi, messieurs. Mais
rentrez vos armes. Pas de provocation, s'il vous plaît.
Nous sommes à la merci d'un incident et je n'ai
encore que les cinquante hommes d'escorte dans la
ville.

LE ROI *tire Becket par la manche.*
Becket! Ce prêtre est Français?

BECKET, *qui l'a regardé.*

Oui, mais il fait partie de l'entourage immédiat
de l'évêque. Et l'évêque nous est acquis.

LE ROI

Tu sais comme nous pouvons compter sur les
évêques anglais... Je te laisse à penser d'un évêque
français!... Cet homme a un regard qui ne me paraît
pas franc.

BECKET

L'évêque?

LE ROI

Non. Ce prêtre.

BECKET, *qui a regardé le prêtre, éclate de rire.*

Je pense bien, mon prince, il louche! Je vous
assure que c'est tout ce qu'il a d'inquiétant. Il
serait maladroit de lui demander de sortir. Et, d'ailleurs, même s'il avait un poignard, vous avez votre
cotte et quatre de vos barons. Je vais contrôler l'éva-
cuation de la nef.

Il va sortir, le roi le rattrape.

LE ROI

Becket! *(Becket s'arrête.)* Et l'enfant de chœur?

BECKET, *riant.*

Il est grand comme ça!

LE ROI

C'est peut-être un nain. Avec ces Français, on
ne sait jamais. *(Il attire Becket à lui.)* Becket, nous
avons parlé un peu légèrement ce matin. Tu es sûr
que ce n'est pas Dieu qui se venge?

BECKET *sourit.*

Sûrement pas. C'est tout simplement, je le crains,
ma police qui a pris peur ou qui fait du zèle. Les poli-
ciers ont un peu tendance à voir des assassins partout, pour se faire valoir. Mais bah! Nous entendrons
ce *Te Deum* dans une église déserte, voilà tout.

LE ROI, *amer.*

Et moi qui croyais tout à l'heure que ces gens-là
m'adoraient! Tu ne leur as peut-être pas fait distribuer assez d'argent?

BECKET

On n'achète que ceux qui sont à vendre, mon
prince. Et ceux-là, précisément, ne sont pas dangereux. Pour les autres, c'est loups contre loups. Je
reviens tout de suite vous rassurer.

Il sort.
*Le roi commence à observer avec inquiétude
les évolutions du prêtre qui fait les cent pas, mar-
monnant des prières. Il appelle :*

LE ROI

Baron!

*Le quatrième baron qui est le plus près du roi,
s'avance et demande de sa voix tonitruante :*

QUATRIÈME BARON

Mon Seigneur?

LE ROI, *le faisant taire.*

Chut! Surveillez cet homme, tous les quatre et,
au moindre geste, sautez-lui dessus. *(Petit manège
comique des barons et du prêtre qui commence à être
inquiet, lui aussi. On frappe soudain brutalement à la
porte de la sacristie. Le roi sursaute :)* Qu'est-ce que
c'est?

UN SOLDAT *entre.*

Un messager de Londres, Seigneur. Il vient du
camp. On l'a envoyé ici. Le message est urgent.

LE ROI, *soucieux.*

C'est louche. Va voir Regnault.

Le quatrième baron sort et revient, rassuré.

QUATRIÈME BARON

C'est Guillaume de Corbeil, mon Seigneur. Il a
des lettres urgentes.

LE ROI

Tu es bien sûr que c'est lui? Ce n'est pas un Français qui se serait fait sa tête? Le coup est classique.

QUATRIÈME BARON *éclate de rire.*

Je le connais, mon prince! J'ai vidé plus de pintes avec lui qu'il n'a de poils sur la gueule. Et il en a, le cochon!

Le roi fait un geste. Le quatrième baron introduit le messager qui présente ses lettres au roi, un genou en terre.

LE ROI

Merci. Relève-toi. Tu as une belle barbe, Guillaume de Corbeil! Elle tient bien?

LE MESSAGER, *se relevant, ahuri.*

Ma barbe?

Le quatrième baron rigole et lui tape sur l'épaule.

QUATRIÈME BARON

Ce vieux cher hérisson!

LE ROI, *qui a parcouru les lettres.*

De bonnes nouvelles, messieurs. Nous avons un ennemi de moins. *(Il crie joyeusement à Becket qui rentre :)* Becket!

BECKET

Tout s'arrange, mon prince, les troupes sont en route. Nous n'avons plus qu'à attendre ici tranquillement.

LE ROI, *joyeux.*

Tout s'arrange, en effet, Becket! Dieu ne nous en veut pas. Il vient de rappeler à lui l'Archevêque!

BECKET *murmure, frappé.*

Ce vieux petit homme... Comment ce faible corps pouvait-il renfermer tant de force?

LE ROI

Hé là, hé là! Ne gaspille pas ta tristesse, mon fils. Je considère personnellement ça comme une excellente nouvelle!

BECKET

C'est le premier Normand qui se soit intéressé à moi. Il a véritablement été comme un père pour moi. Dieu ait son âme!

LE ROI

Rassure-toi. Après tout ce qu'il a fait pour Lui, il est au ciel — où il sera infiniment plus utile à Dieu qu'à nous. Tout est donc pour le mieux! *(Il l'attire à lui.)* Becket! Mon petit Becket. Je crois que nous tenons la balle. C'est maintenant qu'il s'agit de marquer le point. *(Il l'a entraîné par le bras, tendu, transformé.)* Il est en train de me venir une idée extraordinaire, Becket! Un coup de maître à jouer. Je ne sais pas ce que j'ai, ce matin, mais je me sens tout d'un coup extrêmement intelligent. C'est peut-être d'avoir fait l'amour à une Française, cette nuit! Je suis subtil, Becket, je suis profond. Si profond que j'en ai une sorte de vertige. Tu es sûr que ce n'est pas dangereux de penser trop fort? Thomas, mon petit Thomas! Tu m'écoutes?

BECKET, *souriant de son exaltation.*

Oui, mon prince.

LE ROI, *excité comme un petit garçon.*

Tu m'écoutes bien? Écoute, Thomas! Tu m'as dit une fois que les idées les meilleures, c'étaient les plus bêtes, mais qu'il suffisait d'y penser. Écoute, Thomas! La coutume m'empêche de toucher aux privilèges de la primatie. Tu me suis bien?

BECKET

Oui, mon prince...

LE ROI

Mais si le primat est mon homme? Si l'Archevêque de Cantorbéry est pour le roi, en quoi peut me gêner son pouvoir?

BECKET

C'est ingénieux, mon prince, mais vous oubliez que l'élection est libre.

LE ROI

Non! C'est toi qui oublies la main royale! Tu sais ce que c'est? Quand le candidat déplaît au trône, le roi envoie son justicier à l'assemblée des évêques et c'est le roi qui a le dernier mot. Ça aussi, c'est une coutume et, pour une fois, elle m'est favorable! Il y a cent ans que l'assemblée des évêques n'a pas élu contre le vœu du roi!

BECKET

Sans doute, mon Seigneur. Mais nous les connaissons, tous vos évêques. Duquel serez-vous assez sûr? La mitre de primat coiffée, un vertige les gagne.

LE ROI

Tu me le demandes, Becket? De quelqu'un qui ne connaît pas le vertige... de quelqu'un qui n'a même pas peur du ciel. Thomas, mon fils, j'ai besoin de toi encore et c'est sérieux, cette fois. Je regrette de te priver des filles de France et des batailles, mon fils, mais le plaisir sera pour plus tard. Tu vas passer en Angleterre.

BECKET

Je suis à vos ordres, mon prince.

LE ROI

Tu devines quelle y sera ta mission?

BECKET, *sur le visage duquel se lit déjà comme une angoisse de ce qui va suivre.*

Non, mon prince.

LE ROI

Tu y porteras des lettres personnelles de moi, à chaque évêque en particulier. Et tu sais ce que contiendront ces lettres, mon Thomas, mon petit frère? Ma volonté royale de te voir élire Primat.

BECKET, *qui est comme pétrifié soudain, tout pâle, essaie de rire.*

C'est une plaisanterie, mon prince? Voyez un peu l'homme édifiant, le saint homme, que vous voudriez charger de ces saintes fonctions! *(Il a écarté son bel habit comiquement.)* Ah! mon prince, la bonne farce! *(Le roi éclate de rire, Becket rit aussi, trop fort, soulagé.)* Quel bel archevêque j'aurais fait! Regardez mes nouvelles chaussures! C'est la dernière mode de Paris. N'est-ce pas gracieux, ce petit retroussis? N'est-ce pas plein d'onction et de componction?

LE ROI, *cessant de rire soudain.*

Fous-moi la paix avec tes chaussures, Thomas! Je suis sérieux en ce moment. J'écrirai les lettres avant midi. Tu m'aideras.

BECKET, *blême, balbutie, figé à nouveau.*

Mais je ne suis même pas prêtre, mon Seigneur.

LE ROI, *net.*

Tu es diacre. Tu as les délais. Tu peux prononcer tes derniers vœux demain et être ordonné dans un mois.

BECKET

Mais avez-vous songé à ce que dirait le Pape?

LE ROI, *brutal.*

Je paierai!

BECKET *murmure, comme abattu, après un silence angoissé.*

Mon prince, je vois maintenant que vous ne plaisantez pas. Ne faites pas cela.

LE ROI

Pourquoi?

BECKET

Cela me fait peur.

LE ROI, *dont le masque est devenu dur.*

C'est un ordre, Becket.

> *Becket ne bouge pas, pétrifié. Un temps. Il murmure encore :*

BECKET, *grave.*

Si je deviens archevêque, je ne pourrai plus être votre ami.

> *L'orgue éclate soudain dans la cathédrale. Un officier paraît.*

L'OFFICIER

L'église est vide, mon Seigneur. L'évêque et son clergé attendent le bon plaisir de Votre Altesse.

LE ROI, *brutalement à Becket.*

Tu entends, Becket! Reviens à toi. Tu as une façon d'apprendre les bonnes nouvelles. Où es-tu? On te dit que nous pouvons y aller.

> *Le cortège se forme, le prêtre et l'enfant de chœur en tête. Becket, prenant sa place comme à regret un peu en arrière du roi, murmure encore :*

BECKET

C'est une folie, mon Seigneur. Ne faites pas cela. Je ne saurai servir Dieu et vous!

LE ROI, *qui regarde devant lui, fermé.*

Tu ne m'as jamais déçu, Thomas. Et il n'y a qu'en toi que j'ai confiance. Je le veux. Tu partiras ce soir. Allons, maintenant...

> *Il a fait un signe au prêtre. Le cortège se met en marche et passe dans la cathédrale vide où gronde l'orgue.*

*Un instant d'ombre, avec l'orgue. Dans un
éclairage incertain, la chambre de Becket. Des
coffres ouverts où deux valets empilent de riches
vêtements.*

DEUXIÈME VALET, *il est plus jeune que le premier.*

La veste bordée de martre aussi?

PREMIER VALET

Tout, on t'a dit!

DEUXIÈME VALET *grommelle.*

De la martre! A des pauvres! Ils ne pourront plus
se faire un sou, quand ils auront ça sur le dos. Ils
vont crever de faim.

PREMIER VALET, *rigolant.*

Ils boufferont la martre, imbécile! Tu ne comprends
donc pas qu'on va tout vendre et qu'on leur donnera
l'argent?

DEUXIÈME VALET

Mais lui, qu'est-ce qu'il se mettra? Il ne lui reste
plus rien.

BECKET *entre. Il a une robe de chambre grise,
très simple.*

Les coffres sont pleins? Je veux qu'ils soient partis
chez le Juif avant ce soir. Qu'il ne reste que des
murs ici. Gal, la couverture de fourrure.

LE VALET, *navré.*

Mon Seigneur aura froid la nuit.

BECKET

Fais ce que je te dis.

*Le premier valet, à regret, prend la couverture
de fourrure et la met dans le coffre.*

BECKET *demande.*

L'intendant est prévenu pour le repas de ce soir?
Quarante couverts dans la grande salle.

PREMIER VALET

Mon Seigneur, il dit qu'il n'aura pas assez de vaisselle d'or. Devra-t-on mélanger avec la vaisselle d'argent?

BECKET

Qu'il fasse dresser le couvert avec les écuelles de bois et de terre de l'office. La vaisselle est vendue. Le Juif la fera prendre avant ce soir.

PREMIER VALET *répète, sidéré.*

Les écuelles de bois et de terre. Bien, mon Seigneur. L'intendant s'inquiète aussi pour la liste des invitations. Il n'a que trois courriers et il a peur de ne pas avoir le temps...

BECKET

Il n'y a pas d'invitation. On ouvrira la grande porte à deux battants et vous irez dire aux pauvres, dans la rue, qu'ils mangent avec moi ce soir.

PREMIER VALET, *épouvanté.*

Bien, mon Seigneur.

Il va sortir avec l'autre. Becket le rappelle.

BECKET

Je veux que le service soit impeccable. Les plats présentés d'abord, avec tout le cérémonial, comme pour des princes. Va. *(Les valets sortent. Becket, resté seul, soulève négligemment un vêtement qui dépasse du coffre. Il murmure :)* Tout cela était vraiment très joli. *(Il referme soudain le coffre et éclate de rire.)* Une pointe d'orgueil. Quelque chose d'un parvenu. Un vrai saint homme n'aurait pas fait tout cela en un jour; personne ne croira que c'est vrai. *(Il dit très simplement à un crucifix enchâssé de pierreries qui est accroché au-dessus du lit :)* J'espère, Seigneur, que vous ne m'inspirez pas toutes ces saintes résolutions dans le but de me rendre ridicule? Tout est encore si nouveau. J'exécute peut-être maladroite-

ment... *(Il regarde le crucifix et le décroche soudain :)*
Vous êtes beaucoup trop riche, vous aussi. Des
pierres précieuses autour de votre corps saignant.
Je vous donnerai ça à une pauvre église. *(Il pose le
crucifix sur le coffre fermé. Il regarde autour de lui,
léger, heureux, il murmure :)* C'est un départ en
voyage. Pardonnez-moi, Seigneur, mais je ne me
suis jamais autant amusé. Je ne crois pas que vous
soyez un Dieu triste. Ma joie de me dépouiller doit
faire partie de vos desseins. *(Il est passé derrière le
rideau de l'arrière-chambre où on l'entend, la scène
restée vide, siffler joyeusement une vieille marche
anglaise. Très vite, il ressort; il est pieds nus dans
des sandales; il est vêtu d'une robe de moine, une
simple bure. Il tire le rideau, il murmure :)* Voilà.
Adieu, Becket. J'aurais voulu au moins regretter
quelque chose pour vous l'offrir. *(Il va au crucifix et
dit simplement :)* Seigneur, vous êtes sûr que vous
ne me tentez pas? Cela me paraît trop simple.

                              Il est tombé à genoux et prie.

LE RIDEAU TOMBE

TROISIÈME ACTE

Une salle du palais du roi. En scène les deux reines, la reine mère et la jeune reine, occupées à des tapisseries. Les deux fils du roi, un grand et un petit, jouent par terre dans un coin. Le roi joue au bilboquet dans un autre coin. Il rate toujours; il finit par jeter le bilboquet et s'exclame, avec humeur :

LE ROI

Quarante pauvres! Il a invité quarante pauvres à dîner!

LA REINE MÈRE

C'est un extravagant. Je vous ai toujours dit, mon fils, que vous aviez mal placé votre confiance.

LE ROI, *marchant dans la salle.*

Madame, je suis très dur à placer, comme vous dites, ma confiance. Je ne l'ai fait qu'une fois dans ma vie et je demeure persuadé que je ne me suis pas trompé. Seulement, nous ne comprenons pas tout! Thomas est mille fois plus intelligent que nous tous réunis.

LA REINE MÈRE

Vous parlez de personnes royales, mon fils...

LE ROI *grommelle*.

Ça n'empêche rien. L'intelligence a été distribuée tout autrement. Ces quarante pauvres, cela doit correspondre à quelque chose dans son esprit. A quoi? Nous le saurons bientôt. Je l'ai convoqué ce matin!

LA JEUNE REINE

Il paraît qu'il a vendu sa vaisselle d'or, ses coffres et tous ses riches habits à un Juif. Il s'est vêtu d'une simple robe de bure.

LA REINE MÈRE

Je vois là pour le moins une marque d'ostentation! On devient, certes, un saint homme, mais pas en un jour.

LE ROI, *inquiet au fond*.

Ça doit être une farce! Vous ne le connaissez pas. Ce ne peut être qu'une farce. Il a toujours été farceur. Une fois, il s'est déguisé en femme et il s'est promené toute une nuit dans Londres en minaudant, à mon bras.

LA REINE MÈRE, *après un silence*.

Je n'ai jamais aimé cet homme. Et vous avez été un fou de le faire si puissant.

LE ROI *crie*.

C'est mon ami!

LA REINE MÈRE, *aigre*.

Hélas!

LA JEUNE REINE

C'est l'ami de vos débauches! C'est lui qui vous a éloigné de vos devoirs envers moi. C'est lui qui vous a conduit le premier chez des filles!

LE ROI, *furieux*.

Fichaises, Madame! Je n'ai eu besoin de personne

pour m'éloigner, comme vous dites, de mes devoirs
envers vous. Je vous ai fait trois enfants, avec beaucoup de scrupule. Ouf! Mon devoir m'est remis.

LA JEUNE REINE, *pincée.*

Quand ce débauché cessera d'avoir une néfaste
influence sur vous, vous reviendrez apprécier les joies
de votre famille. Souhaitons qu'il vous désobéisse!

LE ROI

Les joies de ma famille sont limitées, Madame.
Pour être franc, je m'ennuie avec vous! Vos éternelles médisances à toutes deux; au-dessus de vos
éternelles tapisseries... Ce n'est pas une nourriture
pour un homme. *(Il erre dans la pièce furieux. Il
s'arrête derrière elles.)* Si au moins cela avait quelque
valeur artistique. Mon aïeule Mathilde, en attendant
son époux, pendant qu'il taillait son royaume, a
brodé, elle, un chef-d'œuvre qui est malheureusement
resté à Bayeux. Mais vous, c'est d'un médiocre!

LA JEUNE REINE, *pincée.*

A chacun selon ses dons.

LE ROI

Oui. Et ils sont minces! *(Il va encore regarder
l'heure à la fenêtre et s'exclame désespéré :)*

Je m'ennuie depuis un mois, personne à qui parler!
Après la nomination, je ne veux pas avoir l'air de
me précipiter... Bon. Je lui laisse faire sa tournée
pastorale. Il revient enfin, je l'appelle et il est en
retard! *(Il regarde encore à la fenêtre et s'exclame :)*
Ah! quelqu'un au poste de garde! *(Il revient déçu.)*
Non. C'est un moine. *(Il erre dans la pièce, désemparé,
il va aux enfants, ennuyé et les regarde jouer un
instant. Il grommelle :)* Charmants bambins! Graine
d'homme. Déjà sournoise et obtuse. Dire qu'il faut
s'attendrir là-dessus, sous prétexte que ce n'est pas
encore tout à fait assez gros pour être haï ou méprisé.
Lequel de vous deux est l'aîné?

LE PLUS GRAND *se lève.*

Moi, Monsieur.

LE ROI

Quel est votre nom, déjà?

LE GARÇON

Henri III.

LE ROI, *sévère.*

Pas encore, Monsieur! Le numéro deux se porte
bien. *(Il lance à la reine :)* Jolie éducation, Madame!
Vous vous croyez déjà Régente. Et vous vous éton-
nez après que je boude votre appartement? Je n'aime
pas faire l'amour avec ma veuve. C'est mon droit?

Un officier entre.

L'OFFICIER

Un messager de l'Archevêque-primat, mon Seigneur.

LE ROI, *hors de lui.*

Un messager! Un messager! J'ai convoqué l'Archevêque-primat en personne! *(Il se retourne vers les
femmes, soudain inquiet, presque touchant.)* Il est
peut-être malade? Ça expliquerait tout!

LA JEUNE REINE, *aigre.*

Ce serait trop beau!

LE ROI, *rageur.*

Vous voudriez le voir crevé, parce qu'il m'aime,
femelles? S'il n'est pas là, c'est qu'il est à la mort.
O mon Thomas! Fais entrer, vite.

L'officier sort et introduit un moine.

LE ROI *va à lui, vivement.*

Qui es-tu? Becket est malade?

LE MOINE, *un genou à terre.*

Seigneur, je suis Guillaume, fils d'Étienne, secrétaire de Sa Seigneurie l'Archevêque-primat.

LE ROI

Ton maître est très mal?

LE MOINE

Non, Seigneur. Sa Seigneurie se porte bien. Elle m'a chargé, avec l'expression de son profond respect, de remettre cette missive — et ceci à Votre Altesse.

> *Il remet quelque chose au roi, s'inclinant plus bas.*

LE ROI, *comme abasourdi.*

Le sceau? Pourquoi me renvoie-t-il le sceau? *(Il lit la lettre en silence sur le parchemin déroulé. Il se ferme. Il est de glace, il dit au moine sans le remercier :)* C'est bien. Ta mission est accomplie.

> *Le moine se relève. Au moment de sortir, il demande :*

LE MOINE

Ai-je une réponse de Votre Altesse à transmettre à Monseigneur l'Archevêque-primat?

LE ROI, *dur.*

Non.

> *Le moine est sorti. Le roi reste un moment désemparé, puis il va se jeter sombre sur son trône. Les femmes se regardent, complices. La reine mère se lève et va à lui insidieuse.*

LA REINE MÈRE

Eh bien, mon fils, que vous écrit donc votre ami?

LE ROI *se dresse et hurle.*

Sortez! Sortez toutes les deux! Et emmenez votre vermine royale! Je suis seul! *(Les deux reines effrayées sortent avec les enfants. Le roi reste un moment titubant,*

*comme hébété sous le coup puis il s'écroule sanglotant
comme un enfant, la tête sur son trône. Il gémit.)* O
mon Thomas! *(Un instant prostré il se ressaisit, se
relève pâle. Il dit soudain les dents serrées, en regardant
le sceau qu'il a gardé dans son poing serré :)* Tu me
renvoies les trois lions du royaume, comme un petit
garçon qui ne veut plus jouer avec moi... Tu crois
que tu as l'honneur de Dieu à défendre maintenant!
Moi, j'aurais fait une guerre avec toute l'Angleterre
derrière moi et contre l'intérêt de l'Angleterre pour te
défendre, petit Saxon. Moi, j'aurais donné l'honneur
du royaume en riant pour toi. Seulement, moi, je
t'aimais et toi tu ne m'aimais pas; voilà toute la
différence. *(Il a les dents serrées. Son masque se durcit,
il dit sourdement :)* Merci tout de même pour ce dernier cadeau que tu me fais en m'abandonnant. Je vais
apprendre à être seul. *(Il sort. La lumière baisse, des
valets enlèvent les meubles. Quand elle remonte, le décor
de piliers est vide. Une église nue, un homme à demi
dissimulé sous un manteau sombre, qui attend derrière
un pilier, c'est le roi. Derniers accords d'orgue. Entre
Gilbert Folliot, évêque de Londres, suivi de son clergé. Il
revient de dire sa messe. Le roi l'aborde.)* Évêque...

GILBERT FOLLIOT *a un recul.*

Que veux-tu, l'homme? *(Son clergé va s'interposer,
il s'exclame :)* Le roi!

LE ROI

Oui.

GILBERT FOLLIOT

Seul, sans escorte, en habit d'écuyer?

LE ROI

Le roi tout de même. Évêque, je voudrais me
confesser.

GILBERT FOLLIOT *a un mouvement de méfiance.*

Je suis l'évêque de Londres, le roi a son confesseur.
C'est une charge importante de la Cour qui a ses
prérogatives.

LE ROI

Le choix du prêtre pour la sainte confession est libre, Évêque, même pour les rois! *(Gilbert Folliot fait un signe à son clergé qui s'éloigne.)* Ma confession sera d'ailleurs courte, et ce n'est pas l'absolution que je viens vous demander. J'ai fait quelque chose de beaucoup plus grave qu'un péché. Évêque, une bêtise. *(Gilbert Folliot reste muet).* J'ai imposé Thomas Becket à votre choix au concile de Clarendon. Je m'en repens.

GILBERT FOLLIOT, *impénétrable.*

Nous nous sommes inclinés devant la main royale.

LE ROI

A contrecœur, je le sais. Il m'a fallu treize semaines d'autorité et de patience pour réduire la petite opposition irréductible dont vous étiez le chef, Évêque. Le jour du concile, vous étiez vert. On m'a dit qu'après, vous avez été gravement malade.

GILBERT FOLLIOT, *fermé.*

Dieu m'a guéri.

LE ROI

Il est bien bon. Mais il a un peu tendance à ne s'occuper que des siens. Moi, il m'a laissé malade. Et je dois me soigner tout seul, sans intervention divine. J'ai l'Archevêque-primat sur l'estomac. Un gros morceau, qu'il faut que je vomisse. Que pense de lui le clergé normand?

GILBERT FOLLIOT, *réservé.*

Sa Seigneurie semble avoir saisi d'une main ferme les rênes de l'Église d'Angleterre. Ceux qui l'approchent dans son particulier disent même qu'il se conduit comme un saint homme.

LE ROI *s'exclame, admiratif malgré lui.*

C'est un peu subit, mais rien ne m'étonne de lui! Dieu sait ce dont cet animal-là est capable, en bien comme en mal. Évêque, parlons franc : cela intéresse beaucoup l'Église, les saints hommes?

GILBERT FOLLIOT *a l'ombre d'un sourire.*

L'Église est sage depuis si longtemps, Altesse, qu'elle ne peut pas ne pas avoir constaté que la tentation de la sainteté était pour ses prêtres l'un des pièges les plus subtils et les plus redoutables du démon. L'administration du royaume des âmes, avec les incidences temporelles qu'elle comporte, demande avant tout, comme toutes les administrations, des administrateurs. L'Église catholique romaine a ses saints, elle invoque leur bienveillante intercession, elle les prie. Mais elle n'a plus besoin d'en faire d'autres. C'est superflu. Et dangereux.

LE ROI

Vous me paraissez un homme avec qui on peut parler, Évêque. Je vous ai méconnu. L'amitié m'aveuglait.

GILBERT FOLLIOT, *toujours fermé.*

L'amitié est une belle chose.

LE ROI, *soudain humain.*

C'est une bête familière, vivante et tendre. Elle semble n'avoir que deux yeux toujours posés sur vous et qui vous réchauffent. On ne voit pas ses dents. Mais c'est une bête qui a une particularité curieuse, c'est quand elle est morte qu'elle mord.

GILBERT FOLLIOT, *prudent.*

L'amitié du roi pour Thomas Becket est morte, Altesse?

LE ROI

Soudainement, Évêque. Une sorte d'arrêt du cœur.

GILBERT FOLLIOT

C'est un phénomène curieux, Altesse, mais fréquent.

LE ROI *lui prend soudain le bras.*

Je hais Becket, Évêque, maintenant. Entre cet homme et moi, il n'y a plus rien de commun que cette bête qui me laboure le ventre. Je n'en puis plus. Il faut que je la lâche sur lui. Mais je suis le roi, ce qu'il est convenu d'appeler ma grandeur m'embarrasse : j'ai besoin de quelqu'un.

GILBERT FOLLIOT *se raidit.*

Je ne veux servir que l'Église.

LE ROI

Parlons comme deux grands garçons. C'est bras dessus, bras dessous que nous avons conquis, pillé, rançonné l'Angleterre. On se dispute, on essaie de se soutirer quelques sous, mais entre le ciel et la terre il y a tout de même des intérêts communs. Vous savez ce que je viens d'obtenir du Pape? Sa bénédiction pour aller égorger l'Irlande catholique, au nom de la foi. Oui, une sorte de croisade pour y imposer un clergé et des barons normands, épées et étendards solennellement bénis comme si on allait bouffer du Turc! Seule condition : une petite pièce d'argent par foyer et par an, pour le denier de Saint-Pierre que le clergé national irlandais hésitait à cracher et que moi j'ai promis de faire verser. C'est donné. Mais au bout de l'an, cela fera une coquette somme. Rome sait faire ses comptes!

GILBERT FOLLIOT, *épouvanté.*

Il y a des choses qu'il ne faut jamais dire, Altesse, il faut même essayer de ne pas les savoir tant qu'on n'en est pas directement chargé.

LE ROI *sourit.*

Nous sommes seuls, Évêque, et l'église est vide.

GILBERT FOLLIOT

L'église n'est jamais vide. Une petite lampe rouge brûle devant le maître-autel.

LE ROI, *impatienté.*

Évêque, j'aime bien jouer, mais avec des garçons de mon âge! Vous ne me prenez pas pour une de vos brebis, saint pasteur? Celui qu'honore cette petite lampe rouge a lu depuis longtemps au fond de vous et de moi. Sur votre cupidité et sur ma haine, il est fixé. *(Gilbert Folliot se referme. Le roi lui crie, agacé :)* Ou alors il faut se faire moine, Évêque! le cilice sur le dos nu et aller se cacher dans un couvent pour prier!... L'évêché de Londres, pour un fils de marinier de la Tamise qui aurait le cœur pur, c'est trop, ou trop peu.

GILBERT FOLLIOT, *de marbre, après un temps.*

Si je fais abstraction, comme c'est mon devoir, de mes sentiments personnels, je dois convenir que jusqu'ici, Sa Seigneurie l'Archevêque-primat n'a rien fait qui ne soit dans l'intérêt de sa mère l'Église.

LE ROI *le considère et conclut jovial.*

Vous, mon petit ami, je vous vois venir : vous avez l'intention de me coûter très cher! Mais grâce à Becket qui a réussi à vous faire payer la taxe d'absence, je suis riche. Et il me paraît somme toute moral qu'une partie de l'or de l'Église, par votre canal, retourne à l'Église. Et puis si nous voulons rester sur le terrain de la moralité, saint évêque, vous pouvez vous dire aussi que la grandeur de l'Église et celle de l'État étant intimement liées, c'est en définitive à la consolidation de la foi catholique que vous travaillerez en me servant.

GILBERT FOLLIOT *le contemple curieusement.*

J'avais toujours pris Votre Altesse pour un gros garçon brutal, mal sorti de l'adolescence et seulement soucieux de son plaisir.

LE ROI

On se trompe quelquefois sur les hommes, Évêque. Moi aussi, je me suis trompé. *(Il crie soudain :)* O mon Thomas!

GILBERT FOLLIOT *s'écrie.*

Vous l'aimez, Altesse! Vous l'aimez encore. Vous
aimez ce porc mitré, cet imposteur, ce bâtard saxon,
ce petit voyou!

LE ROI *lui saute dessus, criant.*

Oui, je l'aime! Mais ça ne te regarde pas, curé.
Je ne t'ai confié que ma haine. Je vais te payer
pour m'en défaire, mais ne me dis jamais du mal
de lui! Ou ce sera une affaire d'hommes entre nous!

GILBERT FOLLIOT, *suffoquant, gémit.*

Vous m'étranglez, Altesse.

LE ROI *le lâche soudain et conclut sur un autre ton.*

Nous nous reverrons demain, seigneur évêque, et
nous arrêterons ensemble le détail de notre action.
Vous serez convoqué officiellement au palais sous un
prétexte — mes bonnes œuvres dans votre diocèse
de Londres où je suis votre principal paroissien.
Mais ce n'est pas des pauvres que nous parlerons.
Ils ont le temps les pauvres. Le royaume qu'ils
espèrent, eux, est éternel.

> *Le roi sort.*
> *Gilbert Folliot est resté immobile. Son clergé
> le rejoint timidement. Il prend sa crosse et sort
> dignement, en procession, non sans qu'un de ses
> chanoines ne lui ait remis discrètement droite sa
> mitre, qui était restée de travers après la lutte.*
> *Ils sont sortis. Un changement d'éclairage et
> de rideaux entre les piliers. C'est un matin au
> palais épiscopal. Entre un prêtre qui conduit deux
> moines et le petit moine convers du couvent de
> Hastings.*

LE PRÊTRE

Sa Seigneurie va vous recevoir ici.

> *Les deux moines sont impressionnés, ils bous-
> culent un peu le petit moine.*

PREMIER MOINE

Tiens-toi droit. Baise l'anneau de Monseigneur et tâche de répondre humblement à ses questions ou gare à tes fesses.

DEUXIÈME MOINE

Tu croyais peut-être qu'il t'avait oublié? Les grands n'oublient rien. On va voir si tu vas faire le fier avec lui.

Entre Becket vêtu d'une simple bure.

BECKET

Eh bien, mes frères, il fait beau à Hastings?

Il leur donne son anneau à baiser.

PREMIER MOINE

Le brouillard, Monseigneur.

BECKET *sourit.*

Alors, il fait beau à Hastings. Nous songeons toujours tendrement à notre Abbaye et notre intention est d'aller bientôt la visiter, quand nos nouvelles fonctions nous laisseront un instant de répit. Comment s'est conduit ce jeune homme? Il a donné du fil à retordre à notre Abbé?

DEUXIÈME MOINE

Monseigneur, une vraie mule. Notre Père abbé a longtemps essayé la douceur, comme vous le lui aviez recommandé, puis il fallut bien vite recourir au cachot, au pain sec et même à la discipline. Rien n'y fait. Cette tête de bois reste la même : l'insulte aux lèvres. Il est tombé dans le péché d'orgueil. Il n'est pas de main secourable qui le tirera de là.

PREMIER MOINE

Seuls des coups de pieds aux fesses peut-être... si Votre Seigneurie me permet l'expression. *(Au petit :)* Tiens-toi droit.

BECKET, *au petit.*

Écoute ton frère. Tiens-toi droit. D'habitude le péché d'orgueil redresse. Regarde-moi en face. *(Le petit le regarde.)* Bien. *(Becket se retourne vers les moines après avoir regardé un temps le petit.)* On va vous conduire aux cuisines où vous vous restaurerez avant de repartir, mes frères. On y a l'ordre de vous traiter bien. Ne nous faites pas d'affront, nous vous relevons pour aujourd'hui de votre vœu d'abstinence et nous comptons bien que vous ferez honneur à votre menu. Saluez en Jésus votre Père abbé de notre part.

DEUXIÈME MOINE, *hésitant.*

Et le gamin?

BECKET

Nous le gardons.

DEUXIÈME MOINE

Que Monseigneur se méfie. Il est mauvais.

BECKET, *sourit.*

Nous n'avons pas peur. *(Les moines sont sortis. Becket et le petit restent seuls face à face.)* Pourquoi te tiens-tu si mal?

LE PETIT MOINE

Je ne veux plus regarder personne en face.

BECKET

Je t'apprendrai. Ce sera notre première leçon. Regarde-moi *(le petit le regarde de côté).* Mieux que ça *(le petit le regarde).* Tu es toujours chargé tout seul de toute la honte de l'Angleterre et c'est elle qui te courbe le dos?

LE PETIT MOINE

Oui.

BECKET

Si je t'en prenais la moitié, ça serait moins lourd?

(Il fait un signe au prêtre.) Introduisez Leurs Seigneuries. *(Le prêtre sort. Il confie en souriant au
petit :)* C'est l'heure de mon conseil avec messei-
gneurs les évêques; tu vas voir que ce n'est pas un
privilège qui t'est réservé d'être seul.

LE PETIT MOINE

Je sais à peine lire et écrire. Je suis un fils de
paysan, et je me suis fait tonsurer pour fuir la glèbe.
En quoi puis-je vous servir?

BECKET *sourit.*

J'ai besoin de toi. Cela doit te suffire. Je te
demande seulement de me regarder comme tu me
regardes en ce moment. Il y en a qui portent un cilice
pour se rappeler constamment ce que vaut leur
guenille... *(Il entrouvre son froc, souriant.)* J'en ai un
d'ailleurs. Mais c'est dérisoire vos épreuves, je m'y
suis déjà habitué. Je crois simplement que je m'en-
rhumerais si je le quittais. J'ai besoin d'autre chose
qui me gratte et qui me dise à chaque instant ce que
je suis. J'ai besoin de toi, petit chardon, qu'on ne sait
par quel bout prendre. J'ai besoin de me piquer à toi
pour trouver quelques épines sur le chemin du bien,
sinon je serais capable d'y trouver encore mon plaisir... *(Les évêques entrent, il le prend par le bras, l'ins-
talle dans un coin.)* Reste dans ce coin et tiens mes
tablettes. Je ne te demande qu'une chose. Ne leur
saute pas dessus, tu compliquerais tout.

Il fait un signe aux évêques qui restent debout.

GILBERT FOLLIOT *commence.*

Monseigneur, notre conseil risque d'être sans objet.
Vous avez voulu, contre nos avis, attaquer le roi de
front. Avant même que les trois excommunications
que vous vouliez nous demander de sanctionner aient
pu être rendues publiques le roi riposte. Son grand
justicier, Richard de Lacy, vient de se présenter dans
votre antichambre vous réclamant au nom du roi. Il
est porteur d'une sommation dans les formes légales

à comparaître dans le délai d'un jour devant son grand conseil réuni en Cour de Justice.

BECKET

De quoi m'accuse le roi?

GILBERT FOLLIOT

De prévarication. Comptes examinés par son conseil privé, Son Altesse vous réclame une somme considérable due encore sur votre gestion du Trésor.

BECKET

J'ai remis en quittant la chancellerie mes registres à son grand justicier qui m'en a donné quittance, me déclarant quitte de tout compte et de toute réclamation. Que réclame le roi?

L'ÉVÊQUE D'OXFORD

Quarante mille marcs d'or fin.

BECKET *sourit.*

Je crois bien qu'il n'y a jamais eu tant d'argent dans tous les coffres de toute l'Angleterre pendant tout le temps où j'ai été chancelier. Mais il suffit d'un scribe habile... Le roi a refermé son poing et je suis comme une mouche dans son poing. *(Il sourit, les regardant.)* J'ai l'impression, messieurs, que vous devez ressentir quelque chose qui ressemble à du soulagement.

L'ÉVÊQUE D'YORK

Nous vous avions déconseillé la lutte ouverte.

BECKET

Guillaume d'Aynesford poussé par le roi, sous le prétexte qu'il désapprouvait mon choix, a assommé le prêtre que j'avais nommé à la cure de Sa Seigneurie. Dois-je laisser assommer mes prêtres?

GILBERT FOLLIOT

Vous n'aviez pas à nommer le curé d'un fief libre!

Il n'est pas un Normand, laïc ou clerc, qui admettra jamais cela. Ce serait remettre le droit de toute la conquête en cause. Tout peut être remis en question en Angleterre hormis le fait qu'elle a été conquise et partagée en l'an mille soixante-six. L'Angleterre est le pays du droit et du respect le plus scrupuleux du droit. Mais le droit ne commence qu'à cette date, sinon, il n'y a plus d'Angleterre.

BECKET

Évêque, dois-je vous rappeler que nous sommes des hommes de Dieu et que nous avons à défendre un honneur qui, lui, n'a pas de date?

L'ÉVÊQUE D'OXFORD, *doucement*.

C'était une maladresse et même une provocation. Guillaume d'Aynesford est un compagnon du roi.

BECKET *sourit*.

Je le connais très bien. Il est charmant. J'ai vidé plus d'un pot avec lui.

L'ÉVÊQUE D'YORK *glapit*.

Et je suis le petit cousin de sa femme!

BECKET

C'est un détail que je déplore, Seigneur Évêque, mais il m'a assommé un curé. Si je ne défends pas mes prêtres, qui les défendra? Guillaume de Clare a cité devant sa justice un clerc qui relevait de notre seule juridiction.

L'ÉVÊQUE D'YORK

Une intéressante victime vraiment! Et qui valait la peine de se battre! L'homme était accusé de meurtre et de viol. N'était-il pas plus habile de laisser pendre le misérable qui méritait cent fois la corde et d'avoir la paix?

BECKET

« Je ne suis pas venu pour apporter la paix mais

la guerre. » Votre Seigneurie a certainement lu ça
quelque part? Il m'est indifférent de savoir de quoi
cet homme était accusé. Si je laisse juger mes prêtres
par un tribunal séculier, si je laisse Robert de Vere
enlever, comme il vient de le faire dans un de nos
couvents, un de nos clercs tonsurés sous le prétexte
que c'est un de ses serfs qui a fui la glèbe, je ne donne
pas cher de notre liberté et de notre existence, Mes-
seigneurs, dans cinq ans. J'ai excommunié Gilbert
de Clare, Robert de Vere et Guillaume d'Aynesford.
Le royaume de Dieu se défend comme les autres
royaumes. Vous croyez que le droit n'a qu'à paraître
et qu'il obtient tout sur sa bonne mine? Sans la force,
sa vieille ennemie, il n'est plus rien.

L'ÉVÊQUE D'YORK

Quelle force? Ne nous payons pas de mots. Le
roi est la force et il est la loi!

BECKET

Il est la loi écrite, mais il est une autre loi, non
écrite, qui finit toujours par courber la tête des rois.
(Il les regarde un instant en silence, souriant.) J'étais
un débauché, messieurs, peut-être un libertin, un
homme de ce monde en tout cas. J'adorais vivre et je
me moquais de tout cela, mais alors, il ne fallait pas
me remettre le fardeau. J'en suis chargé maintenant,
j'ai retroussé mes manches et on ne me fera plus
lâcher.

GILBERT FOLLIOT *s'est dressé, écumant de rage,*
il va à lui.

Vous savez à quoi elle sert, en vérité, cette applica-
tion stricte de la juridiction ecclésiastique? A voler
— je dis bien, à voler — les serfs saxons à leur seigneur. N'importe quel fils de paysan natif, grâce à
cette loi, se dérobe à la glèbe en se faisant tonsurer.
Deux coups de ciseau, un orémus et voilà le seigneur
frustré d'un de ses hommes, sans aucun recours pour
le reprendre; il ne dépend plus de sa juridiction ni de
celle du roi. Est-ce justice ou tour de passe-passe?

La propriété aussi, n'est-elle pas sacrée? Si on leur
dérobait un bœuf, empêcheriez-vous les propriétaires
de se plaindre et de tenter de le récupérer?

BECKET *sourit.*

Évêque, votre vigueur à défendre les grands propriétaires normands est admirable. D'autant plus
que je crois bien que vous n'en êtes pas issu. Vous
oubliez pourtant un point — un point qui a son importance pour un prêtre — c'est qu'un serf saxon a une
âme, une âme qui peut être appelée à Dieu, pas
un bœuf.

GILBERT FOLLIOT, *hors de lui.*

Ne vous faites pas plus petit garçon que vous n'êtes,
Thomas Becket. Vous avez assez longtemps — malgré
vos origines —, vous aussi, profité de cet état de
choses, pour mettre un peu plus de pudeur maintenant à l'attaquer. Qui touche à la propriété anglaise
touche au Royaume. Et qui touche au Royaume, en
fin de compte, touche à l'Église et à la Foi! Il faut
rendre à César...

BECKET, *le coupant.*

... Ce qui lui appartient, Évêque, mais quand il
veut prendre autre chose, il faut retrousser sa soutane et lutter contre César avec les armes de César.
Je sais aussi bien que vous que dans la plupart des
cas les serfs qui se réfugient dans nos couvents ne
songent qu'à échapper à leur esclavage. Mais je
remettrais tout en cause, la sécurité de l'Église tout
entière et ma vie même si, sur cent mille qui trichent,
il y a un seul petit serf saxon sincère qu'on a empêché
de venir à Dieu.

> *Un silence suit cet éclat. Gilbert Folliot a un*
> *sourire.*

GILBERT FOLLIOT

L'allusion à la brebis égarée obtient toujours son
petit succès. Il est toujours possible de faire de
belles phrases, Monseigneur, sur un sujet attendris-

sant. La politique est une autre chose. Vous avez
prouvé que vous le saviez parfaitement.

BECKET, *sec.*

Je vous l'ai prouvé quand je faisais de la politique. Ce n'est plus de la politique que je fais.

L'ÉVÊQUE D'OXFORD, *doucement.*

Il me paraît pourtant sage et à la mesure des
choses humaines dans ce grand royaume terrestre
dont l'équilibre est si difficile à maintenir — et dont
nous sommes un des piliers — de ne pas opposer
notre veto formel au consentement du seigneur quand
un serf veut être d'Église. L'Église a le devoir de
lutter pied à pied pour défendre ses appelés, certes,
mais elle ne doit jamais et sous aucun prétexte
cesser d'être sage. C'est un très vieux prêtre qui vous
le dit.

BECKET, *doucement.*

Je n'ai pas été sage en acceptant la primatie. Je
n'ai plus maintenant le droit d'être sage, du moins
comme vous l'entendez. Je remercie Vos Seigneuries,
le conseil est levé et ma décision est prise. Je main-
tiendrai ces trois excommunications. *(Il a fait un
signe au prêtre.)* Introduisez le grand justicier. *(Deux
gardes entrent précédant Richard de Lacy et son
héraut. Becket va à lui, souriant.)* Richard de Lacy,
nous avons été de bons compagnons autrefois et vous
trouviez toujours le sermon un peu long quand
c'était l'heure d'aller dîner. Je vous saurai gré de
m'épargner le vôtre. La lecture de cette citation est
de règle, mais tels que je nous connais, elle nous
ennuierait tous deux. Je répondrai à la sommation
du roi.

> Les tentures se ferment, des sonneries de trom-
> pettes lointaines, le roi apparaît — surgi des
> tentures — regardant quelque chose par la fente
> du rideau. Un temps. Puis Gilbert Folliot entre
> soudain.

LE ROI

Alors? Je suis mal placé. Je ne vois rien.

GILBERT FOLLIOT

La procédure suit son cours, Altesse. La troisième
sommation est faite. Il n'est pas là. Il sera dans un
instant condamné par défaut. La forfaiture établie,
notre doyen, l'Évêque de Chichester, ira au-devant
de lui et lui signifiera, suivant les termes de l'an-
cienne Charte de l'Église d'Angleterre, notre désaveu
de corps nous déliant de l'obéissance envers lui et le
citant devant Notre Seigneur le Pape. C'est alors
que moi, Évêque de Londres, parlant en mon nom
personnel, je m'avancerai et accuserai publiquement
Becket, le nommant « ci-devant Archevêque », lui
déniant pour la première fois son titre, d'avoir célébré,
en mépris du roi, une messe sacrilège sous l'évocation
de l'esprit malin.

LE ROI, *inquiet.*

Ce n'est pas un peu gros?

GILBERT FOLLIOT

Si. Personne n'est dupe, mais cela réussit toujours. Nous ne nous faisons pas d'illusion sur le
résultat de ce point de détail, mais dans cette posi-
tion d'infériorité où il se trouvera placé, par cette
accusation formelle, suivant immédiatement notre
désaveu d'obéissance, Votre Altesse paraîtra alors en
sa Cour par l'intermédiaire de son justicier ou en
personne, ce qui serait mieux, et demandera à ses
barons et à ses prélats siégeant de le délivrer du
parjure. Tout peut être fini aujourd'hui. Votre
Altesse a bien la formule? Je la ferai prévenir le
moment venu.

LE ROI *tire un parchemin de sa poche.*

« Oyez tous ici présents, ma requête royale. Par
la foi que vous nous devez, nous vous demandons
justice contre Becket, ci-devant Archevêque, qui est
mon homme lige et qui, dûment sommé, refuse de
répondre en ma Cour. » Je lis très mal.

GILBERT FOLLIOT

Cela ne fait rien. Personne n'écoute jamais ce genre de proclamation. L'assemblée ira ensuite aux voix, par ordre et rendra une sentence d'emprisonnement. Elle est déjà rédigée.

LE ROI

A l'unanimité?

GILBERT FOLLIOT

Nous sommes tous Normands. Le reste appartiendra alors à Votre Altesse. Ce n'est plus que de l'exécution.

LE ROI, *soudain il a comme une faiblesse.*

O mon Thomas!

GILBERT FOLLIOT, *de marbre.*

Je puis encore arrêter la machine, Altesse.

LE ROI *a comme une hésitation, puis il dit :*

Non. Va.

Gilbert Folliot sort. Le roi se remet à son poste derrière le rideau.
Les deux reines se faufilent dans la salle et viennent regarder aussi par la fente du rideau près du roi. Au bout d'un moment la jeune reine demande :

LA JEUNE REINE

Il est perdu?

LE ROI, *sourdement.*

Oui.

LA JEUNE REINE

Enfin!

Le roi se dégage du rideau et la dévisage, haineux.

LE ROI *crie.*

Je vous défends de vous réjouir!

LA JEUNE REINE

De voir périr votre ennemi!

LE ROI, *écumant.*

Becket est mon ennemi, mais dans la balance des êtres, bâtard, nu, comme sa mère l'a fait, il pèse mille fois votre poids, Madame, avec votre couronne, tous vos joyaux et votre auguste père, par-dessus le marché!... Becket m'attaque et il m'a trahi. Je suis obligé de me battre contre lui et de le briser mais, du moins, m'a-t-il donné, à pleines mains, tout ce qu'il y a d'un peu bon en moi. Et vous ne m'avez jamais rien donné que votre médiocrité pointilleuse, le souci éternel de votre petite personne étriquée et de vos prérogatives! C'est pourquoi je vous interdis de sourire, quand il meurt!

LA JEUNE REINE, *pincée.*

Je vous ai donné ma jeunesse et vos enfants!

LE ROI *crie encore.*

Je n'aime pas mes enfants! Quant à votre jeunesse, fleur desséchée, dès vos douze ans, entre les pages d'un missel, au sang blanchâtre, au parfum fade, allez! quittez-la sans regret. En vieillissant, la bigoterie et la méchanceté vous donneront peut-être du caractère. Votre ventre était un désert, Madame! où j'ai dû m'égarer solitaire, par devoir. Mais vous n'avez jamais été ma femme! Et Becket a été mon ami, plein de force, de générosité et de sang. *(Il est encore secoué par un sanglot et il crie :)* O mon Thomas!

LA REINE MÈRE *s'avance hautaine.*

Et moi, mon fils, je ne vous ai, non plus, rien donné?

LE ROI *revient un peu à lui,*
il la toise et dit sourdement :

La vie. Si. Merci, Madame. Mais après je ne vous
ai jamais vue qu'entre deux portes, parée pour un
bal, ou en couronne et en manteau d'hermine, dix
minutes avant les cérémonies, où vous étiez bien
obligée de m'avoir à vos côtés. J'ai été seul, toujours,
personne ne m'a jamais aimé sur cette terre que
Becket!

LA REINE MÈRE *crie, aigre.*

Eh bien, rappelez-le! Absolvez-le! puisqu'il vous
aime, et donnez-lui tout le pouvoir! Que faites-vous
en ce moment?

LE ROI

Je réapprends à être seul, Madame, j'ai l'habitude. *(Entre un page haletant.)* Eh bien, où en est-on?

LE PAGE

Mon Seigneur, Thomas Becket est apparu au
moment où on ne l'attendait plus, malade, tout
pâle, en grand habit pontifical et portant lui-même
la lourde croix d'argent. Il a traversé toute la salle
sans que personne n'ose l'arrêter, et comme Robert,
comte de Leicester, chargé de lui lire sa sentence
commençait la formule consacrée, il l'a arrêté d'un
geste, lui interdisant au nom de Dieu, de donner
jugement contre lui, son Père spirituel — et en appe-
lant au Souverain Pontife et le citant par-devers
lui! Et puis il a retraversé la foule qui s'écartait
muette. Il vient de repartir.

LE ROI *ne peut s'empêcher d'avoir un sourire*
et de crier joyeux :

Bien joué, Thomas, tu marques le point! *(Il se*
reprend soudain confus et demande :) Et mes barons?

LE PAGE

La main sur la garde de l'épée, ils criaient tous :
« Traître! Parjure! Arrêtez-le! Misérable! Écoute ton

jugement! » Mais aucun n'a osé bouger, et toucher aux saints ornements.

LE ROI *rugit*.

Les imbéciles! Je suis entouré d'imbéciles, et le seul homme intelligent de mon royaume est contre moi!

LE PAGE *achève*.

Du seuil pourtant, il s'est retourné, les regardant froidement, tous agités, criant et impuissants et leur a dit qu'il n'y avait pas très longtemps encore, il aurait su répondre par les armes à leur défi, qu'il ne le pouvait plus, mais qu'il les priait de se rappeler ce temps-là.

LE ROI, *jubilant*.

Tous! Il les avait tous! A la masse, à la lance, à l'épée!... Dans la lice, ils tombaient comme des valets de cartes!

LE PAGE, *achevant*.

Et son regard était si froid et si ironique, quoi-qu'il ne tînt que son bâton de pasteur, que, un à un, ils se sont tus. Alors, seulement, il s'est retourné et il est sorti. On dit qu'à son hôtel il a donné des ordres pour inviter tous les pauvres de la ville à souper ce soir.

LE ROI, *rassombri, demande encore :*

Et l'évêque de Londres qui devait le réduire en poudre? Et mon agissant ami Gilbert Folliot?

LE PAGE

Il a eu une horrible crise de rage essayant en vain d'ameuter tout le monde, il a crié d'horribles injures et puis, finalement, il s'est évanoui. On le soigne.

> *Le roi est soudainement pris d'un rire joyeux, inextinguible et, sous le regard des reines outrées, il s'écroule dans les bras de son page sans pouvoir reprendre son souffle et riant, riant...*

LE ROI

Ah! c'est trop drôle! C'est trop drôle!

LA REINE MÈRE, *froide, avant de sortir.*

Vous rirez moins demain, mon fils. Si vous ne l'en empêchez pas, Becket gagnera cette nuit la côte, demandera asile au roi de France et il vous narguera de là-bas, impuni.

> *Le roi, resté seul, s'arrête de rire. Il sort soudain en courant.*
> *La lumière change. Un rideau s'ouvre. Nous sommes chez Louis, le roi de France. Il est assis au milieu de la salle, bien droit sur son trône. C'est un gros homme au regard fin.*

LE ROI LOUIS, *à ses barons.*

Messieurs, nous sommes en France et merde pour le roi d'Angleterre! comme dit la chanson.

PREMIER BARON

Votre Majesté ne peut pas ne pas recevoir ses ambassadeurs extraordinaires.

LE ROI LOUIS

Ordinaires ou extraordinaires, je reçois tous les ambassadeurs. Je les recevrai. C'est mon métier.

PREMIER BARON

Voilà déjà plus d'une heure qu'ils attendent dans l'antichambre de Votre Majesté.

LE ROI LOUIS *a un geste.*

Qu'ils attendent, c'est le leur! Un ambassadeur, c'est fait pour faire antichambre. Je sais ce qu'ils vont me demander.

DEUXIÈME BARON

L'extradition d'un sujet félon est une courtoisie qui se doit entre têtes couronnées.

LE ROI LOUIS

Mon bon, les têtes couronnées jouent la comédie

de la courtoisie; mais les pays, eux, ne s'en doivent point. Mon droit à faire le courtois s'arrête à l'intérêt de la France. Et l'intérêt de la France est de faire toutes les difficultés possibles à l'Angleterre — qui, elle, ne s'en prive pas. Quand nous avons une bonne petite révolte dans le Midi, les mutins que nous pendons ont toujours quelque pièce d'or à l'effigie de mon gracieux cousin dans leur poche. L'Archevêque est un boulet au pied de Henri de Plantagenêt. Vive l'Archevêque! D'ailleurs, il m'est sympathique cet homme-là!

DEUXIÈME BARON

Mon gracieux souverain est le maître. Et tant que notre politique nous permettra de ne rien attendre du roi Henri...

LE ROI LOUIS

Pour l'instant, le durcissement est excellent. Rappelez-vous l'affaire de Montmirail. Nous n'avons signé la paix avec Henri que moyennant une clause de grâce, pleine et entière, pour les réfugiés bretons et poitevins qu'il nous demandait de lui rendre. Deux mois après ils avaient tous la tête tranchée. Ceci concernait mon honneur. Je n'étais pas assez fort, alors... J'ai dû feindre de ne pas avoir appris l'exécution de ces hommes... Et j'ai continué à prodiguer mes sourires à mon cousin d'Angleterre. Mais, Dieu merci, nos affaires vont mieux! Et, aujourd'hui, c'est lui qui a besoin de nous. Je vais donc me ressouvenir de mon honneur. Les rois sont de pauvres bougres qui n'ont le loisir d'être honnête homme qu'une fois sur deux. Faites entrer les ambassadeurs!

> *Le premier baron sort et revient avec Gilbert Folliot et le comte d'Arundel.*

PREMIER BARON

Permettez-moi d'introduire, auprès de Votre Majesté, les deux envoyés extraordinaires de Son Altesse d'Angleterre : Sa Seigneurie l'Évêque de Londres et le comte d'Arundel.

LE ROI LOUIS *a un geste amical au comte.*

Milord, je vous salue! Je regrette que, depuis si
longtemps, les difficultés — heureusement aplanies
aujourd'hui — entre nos deux royaumes nous aient
privé du plaisir de ces pacifiques rencontres entre
nos gentilshommes où votre valeur a tant de fois
triomphé. Je n'ai pas oublié votre étonnant exploit
au dernier tournoi de Calais. Vous avez conservé ce
rude coup de lance?

LE COMTE D'ARUNDEL *s'incline, flatté.*

Je l'espère, Sire.

LE ROI LOUIS

Nous espérons, nous, que nos bonnes relations
avec votre gracieux maître nous permettront de
l'apprécier sous peu à l'occasion de fêtes prochaines...
(Gilbert Folliot a déroulé un parchemin.) Seigneur
Évêque, je vois que vous avez une lettre de votre
maître pour nous. Nous vous écoutons.

GILBERT FOLLIOT *s'incline encore*
et commence à lire.

« A mon Seigneur et ami, Louis, roi des Français; Henri, roi d'Angleterre, duc de Normandie, duc
d'Aquitaine et comte d'Anjou. Sachez que Thomas,
ci-devant archevêque de Cantorbéry, après un jugement public, rendu en ma Cour, par l'assemblée
plénière des barons de mon royaume, a été convaincu
de fraude, de parjure et de trahison envers moi.
Qu'ensuite, il a fui mon royaume comme un traître
et à mauvaise intention. Je vous prie donc instam-
ment de ne point permettre que cet homme chargé
de crimes, ou qui que ce soit de ses adhérents,
séjourne sur vos terres, ni qu'aucun des vôtres prête
à mon plus grand ennemi secours, appui ou conseil.
Car, je proteste que vos ennemis ou ceux de votre
royaume n'en recevraient aucun de ma part ni de
celle de mes gens. J'attends de vous que vous m'as-
sistiez dans la vengeance de mon honneur et dans
la punition de mon ennemi; comme vous aimeriez

que je le fisse moi-même pour vous, s'il en était besoin. »

La lecture achevée, il y a un silence. Gilbert Folliot s'inclinant très bas remet le parchemin au roi qui le roule négligemment et le tend à un de ses barons.

LE ROI LOUIS

Messieurs, nous avons écouté attentivement la requête de notre gracieux cousin et nous en prenons bonne note. Notre chancellerie rédigera une réponse que nous vous ferons remettre demain. Nous ne pouvons, pour l'instant, que vous transmettre nos sentiments de surprise. Aucune nouvelle ne nous est parvenue de la présence de l'Archevêque de Cantorbéry sur nos terres.

GILBERT FOLLIOT, *net.*

Sire, le ci-devant archevêque est réfugié à l'abbaye de Saint-Martin près de Saint-Omer.

LE ROI LOUIS, *toujours gracieux.*

Évêque, nous nous flattons qu'il y ait quelque ordre dans notre royaume. S'il y était, nous en aurions été certainement informés. *(Il fait un geste de congé. Les ambassadeurs s'inclinent et sortent à reculons avec les trois révérences, conduits par le premier baron. Aussitôt, Louis dit au second baron :)* Introduisez Thomas Becket, et laissez-nous.

Le second baron sort par une porte et introduit aussitôt Thomas, en robe de moine. Thomas met un genou en terre devant le roi, le baron est sorti.

LE ROI LOUIS, *gentiment.*

Relevez-vous, Thomas Becket. Et saluez-nous comme l'Archevêque-primat d'Angleterre. La révérence suffit et — si je ne m'embrouille pas dans l'étiquette — vous avez droit à une légère inclination de tête de ma part. Voilà qui est fait. Je vous devrais même le baiser de l'anneau si votre visite était

officielle. Mais j'ai bien l'impression qu'elle ne l'est
pas?

BECKET *a un sourire.*

Non, Sire. Je ne suis qu'un exilé.

LE ROI, *gracieux.*

C'est aussi un titre important, en France.

BECKET

J'ai peur que ce soit le seul qui me reste. Mes
biens sont séquestrés et distribués à ceux qui ont
servi le roi contre moi; des lettres ont été envoyées
au comte de Flandre et à tous ses barons leur enjoi-
gnant de se saisir de ma personne. Jean, évêque de
Poitiers, qui était suspecté de vouloir me donner
asile, vient de recevoir du poison.

LE ROI LOUIS, *toujours souriant.*

En somme, vous êtes un homme très dangereux?

BECKET, *souriant.*

Je le crains.

LE ROI LOUIS, *tranquillement.*

Nous aimons le danger, Becket. Et si le roi de
France se mettait à avoir peur du roi d'Angleterre,
il y aurait quelque chose qui n'irait plus en Europe.
Nous vous accordons notre protection royale sur
celle de nos terres qu'il vous plaira de choisir.

BECKET

Je remercie humblement Votre Majesté. Je dois,
cependant, lui dire que je ne peux acheter cette
protection d'aucun acte hostile à mon pays.

LE ROI LOUIS

Vous nous faites injure. Nous l'entendions bien
ainsi. Croyez que nous exerçons depuis assez longtemps notre métier, pour ne pas faire d'erreurs aussi
grossières sur le choix de nos traîtres et de nos

espions. Le roi de France ne vous demandera rien.
Mais... il y a toujours un « mais », vous ne l'ignorez
pas, en politique. *(Becket relève la tête. Le roi se lève
péniblement de son trône sur ses grosses jambes et va
à lui, familier.)* Je ne suis comptable que des intérêts de la France, Becket. Je n'ai vraiment pas les
moyens de me charger de ceux du Ciel. Dans un
mois, dans un an, je puis vous rappeler ici et, tout
aussi benoîtement, vous dire que, mes affaires avec
le roi d'Angleterre ayant évolué autrement, je dois
vous bannir. *(Il lui tape amicalement sur l'épaule,
affable, l'œil pétillant d'intelligence, et demande souriant
et incisif :)* Archevêque, je crois que vous avez fait
la cuisine, vous aussi?

BECKET, *souriant aussi.*

Oui, Sire. Il n'y a pas bien longtemps.

LE ROI LOUIS, *bonhomme.*

Vous m'êtes très sympathique. Remarquez que si
vous aviez été un évêque français, Becket, je ne dis
pas que je ne vous aurais pas fourré moi aussi en
prison. Mais dans la conjoncture présente, vous avez
droit à ma protection royale. Vous aimez la fran-
chise, Becket?

BECKET

Oui, Sire.

LE ROI LOUIS

Alors, nous nous entendrons certainement. Vous
comptez aller voir le Saint-Père?

BECKET

Oui, Sire, si j'ai vos laissez-passer.

LE ROI LOUIS

Vous les aurez. Mais, un conseil d'ami. — C'est
entre nous, n'est-ce pas? N'allez pas me faire d'his-
toires avec Rome. — Méfiez-vous de lui. Pour trente
deniers, il vous vendra. C'est un homme qui a besoin
d'argent.

*La lumière a baissé. Un rideau s'est fermé.
Deux petits praticables portant l'un le Pape
et l'autre le cardinal sont poussés devant lui sur
une petite musique.
Le Pape est un petit homme remuant et maigre
qui a un abominable accent italien. Il a près de
lui un cardinal noiraud, dont l'accent est encore
pire que le sien. Le tout fait un peu crasseux
dans des dorures.*

LE PAPE — *a le mot final*

Je ne suis pas d'accord, Zambelli! Je ne suis pas
du tout d'accord. La *combinazionne* est mauvaise.
Nous y perdrons l'honneur pour trois mille marcs
d'argent!

LE CARDINAL

Très Saint-Père, il n'est nullement question de
perdre l'honneur, mais de prendre la somme qu'offre
le roi d'Angleterre et de gagner du temps. Perdre
la somme et donner une réponse négative tout de
suite n'arrangerait ni les affaires de la Curie, ni
celles de Thomas Becket, ni même, je le crains,
celles des intérêts supérieurs de l'Église. Recevoir
la somme — elle est minime, j'en conviens, et ne
peut être envisagée pour forcer la décision — c'est
tout simplement faire un geste d'apaisement dans
l'intérêt de la paix en Europe. Ce qui a toujours été
le devoir supérieur du Saint-Siège.

LE PAPE, *soucieux.*

Si nous recevons l'argent du roi, je ne peux pas
recevoir l'Archevêque qui attend une audience depuis
un mois à Rome.

LE CARDINAL

Recevez l'argent du roi, Très Saint-Père, et l'Archevêque. L'un compensant l'autre. L'argent enlè-
vera tout côté subversif à l'audience accordée à
l'Archevêque et d'un autre côté, l'Archevêque reçu
effacera ce qu'il pouvait y avoir d'humiliant à avoir
accepté l'argent.

(Becket arrive, pour
être relevé de ses
fonctions de l'archevêque)

LE PAPE *s'assombrit.*

Je n'ai pas envie de le recevoir. Il paraît que c'est un homme sincère. Je suis toujours démonté par ces gens-là. Ils me laissent un goût amer dans la bouche.

LE CARDINAL

La sincérité est un calcul comme un autre, Très Saint-Père. Il suffit d'être bien pénétré de ce principe et la sincérité ne gêne plus. Dans certaines négociations très difficiles quand on piétine et que la manœuvre ne rend plus, il m'arrive même de m'en servir à l'occasion. Mon adversaire donne généralement dans le panneau; il m'imagine un plan extrêmement subtil, fait fausse route et se trouve pris. L'écueil, évidemment, c'est si votre adversaire se met à être sincère en même temps que vous. Le jeu se trouve alors terriblement embrouillé.

LE PAPE

Vous savez ce qu'on lui prête l'intention de me demander depuis un mois qu'il piétine dans mon antichambre?

LE CARDINAL, *lumineux.*

Non, Très Saint-Père.

LE PAPE *a un mouvement d'impatience.*

Zambelli! pas de manœuvres avec moi! C'est vous qui me l'avez rapporté!

LE CARDINAL, *pris en faute.*

Pardon, Très Saint-Père, je l'avais oublié. Ou plutôt comme Votre Sainteté me posait la question, je pensais qu'elle l'avait oublié elle-même et à tout hasard...

LE PAPE, *agacé.*

Si nous finassons entre nous sans aucune utilité, nous n'en sortirons jamais, Zambelli!

LE CARDINAL, *confus.*

Un simple réflexe, Très Saint-Père. Excusez-moi.

LE PAPE

Me demander de le relever de ses fonctions et
de sa dignité d'Archevêque-primat, voilà pourquoi
Becket est à Rome! Et vous savez pourquoi il veut
me demander cela?

LE CARDINAL, *franc pour une fois.*

Oui, Très Saint-Père.

LE PAPE, *agacé.*

Non, Monsieur, vous ne le savez pas! C'est Rappalo, votre ennemi qui me l'a appris!

LE CARDINAL, *modeste.*

Oui, mais je le savais tout de même, car j'ai un
espion chez Rappalo.

LE PAPE *cligne un œil.*

Culograti?

LE CARDINAL

Non. Culograti n'est mon espion qu'aux yeux de
son maître. Par mon espion de Culograti.

LE PAPE *a un geste pour couper court.*

Becket prétend que l'élection de Clarendon n'a
pas été libre, qu'il ne doit sa nomination qu'au
seul caprice royal, et que par conséquent l'honneur
de Dieu, dont il se veut maintenant le champion,
ne lui permet plus de porter ce titre usurpé. Il ne
veut plus être qu'un simple prêtre!

LE CARDINAL, *après un temps de réflexion.*

Cet homme est évidemment un abîme d'ambition.

LE PAPE

Il sait pourtant que nous savons que son titre
et ses fonctions sont sa seule sauvegarde contre la

colère du roi. Je ne donne pas cher de sa peau, où
qu'il soit, quand il ne sera plus archevêque!

LE CARDINAL, *pensif.*

Son jeu est subtil. Mais nous avons pour nous
une grande force, Très Saint-Père, c'est de ne pas
savoir exactement ce que nous voulons. De l'in-
certitude profonde des desseins naît une étonnante
liberté de manœuvre. *(Un temps de réflexion, puis il
s'exclame soudain :)* J'ai l'idée d'une *combinazionne*,
Très Saint-Père. Votre Sainteté feint de croire à ses
scrupules. Elle le reçoit et le relève de son titre et de
ses fonctions d'Archevêque-primat puis, immédiatement, pour récompenser son zèle à défendre l'Église
d'Angleterre, elle le renomme archevêque, en bonne
et due forme, cette fois. Nous parons ainsi la menace,
nous marquons un point contre lui — et en même
temps un point contre le roi.

LE PAPE

Le jeu est dangereux. Le roi a le bras long!

LE CARDINAL

Pas plus long pour le moment que celui du roi
de France, dont l'intérêt présent est de protéger
Becket. Notre politique doit être de mesurer constamment ces deux bras. D'ailleurs, nous pouvons nous
couvrir. Nous expédierons des lettres secrètes à la
cour d'Angleterre disant que cette nouvelle nomination est de pure forme et que nous relevons les
excommunications prononcées par Becket et, d'un
autre côté, nous avertirons Becket de l'existence
de ces lettres secrètes, lui demandant le secret, et le
priant de les considérer comme nulles et non avenues.

LE PAPE, *qui s'embrouille.*

Ce n'est peut-être pas la peine alors qu'elles soient
secrètes?

LE CARDINAL

Si. Parce que cela nous permettra de manœuvrer

avec chacun d'eux comme si l'autre en ignorait le contenu, tout en ayant pris la précaution de le leur faire connaître. L'essentiel est qu'ils ne sachent pas que nous savons qu'ils savent. C'est à la portée d'un enfant de douze ans.

LE PAPE

Mais Archevêque ou non, qu'est-ce que nous ferons de Becket?

LE CARDINAL *a un geste allègre.*

Nous l'expédierons dans un couvent! Un couvent français, puisque le roi Louis le protège, aux Cisterciens de Pontigny, par exemple. La règle y est dure. Cela lui fera du bien à cet ancien dandy! Qu'il aille un peu apprendre dans la pauvreté à être le consolateur des pauvres.

LE PAPE *sourit.*

Le conseil me paraît bon, Zambelli. Le pain sec, l'eau et les prières nocturnes sont un remède excellent contre la sincérité. *(Il rêve un peu et ajoute :)* La seule chose que je me demande, Zambelli, c'est l'intérêt que vous pouvez avoir à me donner un bon conseil...

> *Le cardinal prend l'air un peu embarrassé. Les petits praticables s'en vont comme ils étaient venus, et le rideau s'ouvre découvrant le décor d'une petite cellule nue, dressée au milieu de la scène. Becket prie devant un pauvre crucifix de bois. Dans un coin, accroupi, le petit moine qui joue avec un couteau.*

BECKET

Ce serait pourtant simple. Trop simple peut-être. La sainteté aussi est une tentation. Ah! qu'il est difficile, Seigneur, d'obtenir Vos réponses!

J'ai été long à Vous prier, mais je ne puis croire que ceux plus dignes, qui depuis longtemps Vous interrogent, ont appris à mieux déchiffrer Votre réel dessein. Je ne suis qu'un élève débutant, et je dois accumuler les contresens, comme dans mes premières versions latines quand, à force d'imagination, je faisais exploser de rire le vieux prêtre. Mais je ne puis croire qu'on apprend Votre langue comme une langue humaine, en s'appliquant, et qu'il y a un lexique, une grammaire et des tournures de phrases. Je suis sûr qu'au pêcheur endurci, qui pour la première fois tombe à genoux et balbutie Votre nom, étonné, Vous dites tout, tout de suite et qu'il comprend.

J'ai été à Vous comme un dilettante, surpris d'y trouver encore mon plaisir. Et j'ai longtemps été méfiant à cause de lui, je ne pouvais croire qu'il me faisait avancer d'un pas vers Vous. Je ne pouvais croire que la route était heureuse. Leurs cilices, leurs jeûnes, les réveils nocturnes où l'on vient Vous retrouver, sur le carreau glacé, dans l'écœurement de la pauvre bête humaine maltraitée, je ne puis pas croire que ce soit autre chose que des précautions de faible. Dans la puissance et dans le luxe, dans la volupté même, il me semble maintenant que je ne cesserai de Vous parler. Vous êtes aussi le Dieu du riche et de l'homme heureux. Seigneur, et c'est là votre profonde justice. Vous n'avez pas détourné votre regard de celui qui a tout eu en naissant. Vous ne l'avez pas abandonné seul, dans son piège de facilité. Et c'est peut-être lui votre brebis perdue... Les pauvres et les mal formés ont reçu trop d'avantages au départ. Ils débordent de Vous. Ils Vous ont bien à eux comme une grande assurance dont leur misère est la prime. Mais j'imagine quelquefois que leurs têtes altières seront courbées encore plus bas que celles des riches, le jour de Votre jugement. Car Votre Ordre, que nous appelons à tort Justice, est secret et profond et Vous sondez aussi soigneusement leurs maigres reins que ceux des rois. Et sous ces différences, qui nous aveuglent, mais qui ne Vous sont même pas perceptibles; sous la couronne ou sous la croûte. Vous découvrez le même orgueil, la même vanité, la même préoccupation satisfaite de soi.

Seigneur, je suis sûr, maintenant, que Vous avez

voulu me tenter avec ce cilice, objet de tant de
satisfactions sottes, cette cellule nue, cette solitude,
ce froid de l'hiver absurdement supporté et les
commodités de la prière. Cela serait trop facile de
Vous acheter ainsi, au moindre prix.

Je quitterai ce couvent où tant de précautions
Vous entourent. Je reprendrai la mitre et la chape
dorée, la grande croix d'argent fin et je retournerai
lutter à la place et avec les armes qu'il Vous a plu
de me donner.

Il Vous a plu de me faire archevêque-primat et de
me mettre comme un pion solitaire, et presque aussi
grand que lui, en face du roi, sur le jeu. Je retournerai
à cette première place, humblement, laissant le monde
m'accuser d'orgueil, pour y faire ce que je crois mon
ouvrage. Pour le reste, que Votre volonté soit faite!

*Il se signe. Le petit moine joue toujours avec
son couteau dans son coin, soudain il le lance
et le regarde vibrer, planté dans le parquet.
Becket se détourne.*

LE RIDEAU TOMBE

QUATRIÈME ACTE

Même décor. La cellule nue de Becket. Il est debout.
Devant lui, le supérieur et deux moines.

LE SUPÉRIEUR

Voilà, mon fils, la teneur des lettres du roi.

BECKET, *impénétrable.*

Je comprends votre émotion, Seigneur abbé.

LE SUPÉRIEUR

Le choix de votre refuge, parmi nous, nous a remplis d'honneur et de gloire et, à Dieu ne plaise, vous le pensez bien, que sur de pareilles injonctions, le chapitre vous congédie... Mais...

BECKET, *implacable.*

Mais?

LE SUPÉRIEUR

C'est un simple avertissement que nous venons vous donner, afin que vous-même, dans votre prudence, jugiez de ce qu'il y a à faire.

Il y a un silence. Becket le sonde toujours du regard. Il demande, négligent :

BECKET

La prudence est une vertu, mais il ne faut pas
non plus être trop prudent, mon père. Votre couvent
est bien sur les terres de Sa Majesté Louis de France
qui m'a accordé sa protection royale?

LE SUPÉRIEUR, *modeste.*

L'ordre des Cisterciens, mon fils, a sa maison
mère ici, à Pontigny. Mais il est international... Il
a de grandes possessions, vous ne pouvez l'ignorer,
en Angleterre, en Normandie, dans le comté d'Anjou
et le duché d'Aquitaine.

BECKET *sourit.*

Ah! qu'il est difficile, Seigneur abbé, de défendre
l'honneur de Dieu avec de grandes possessions! *(Il
va à un petit balluchon préparé dans un coin.)* Vous
voyez, voici les miennes : une chemise de rechange
et un linge pour me laver. Mon balluchon était
préparé. Je comptais partir de moi-même aujour-
d'hui.

LE SUPÉRIEUR, *rasséréné.*

C'est un grand soulagement pour notre honneur,
que cette décision pénible ait été prise par vous,
mon fils, avant même notre visite.

BECKET, *d'assez haut.*

Ne m'appelez plus votre fils, Père abbé. Sa Sainteté a bien voulu me redonner, j'avais omis de vous
le dire, mes dignités d'Archevêque-primat de l'Église
d'Angleterre, que j'avais résignées volontairement
entre ses mains. Ainsi, avant cet incertain voyage,
c'est moi qui vous donnerai ma bénédiction aposto-
lique. *(Il lui tend l'anneau pastoral qu'il vient de
repasser à son doigt. Le Père abbé, avec une grimace,
met un genou en terre et le baise. Puis il sort avec son
clergé. Becket n'a pas bougé. Il ramasse son balluchon
et dit au petit moine :)* Viens, petit! N'oublie pas ton
couteau, nous en aurons peut-être besoin sur la route[1].

1. Cette scène est supprimée à la représentation à Paris.

*Ils sortent d'un autre côté. Le paravent de la
cellule monte aux cintres, découvrant le trône du
roi de France au milieu de la salle. Le roi Louis
entre, tenant familièrement Becket par le bras.*

LE ROI LOUIS

Je vous l'ai dit, Becket, la cuisine est une vilaine
chose. On traîne avec soi des relents. Il y a un
retour de bonne intelligence entre le royaume d'Angleterre et nous. La paix de ce côté-là m'assure de
grands avantages dans la lutte que je vais devoir
entreprendre contre l'Empereur. Je dois avoir mes
arrières assurés, par une trêve avec Henri de Plantagenêt, avant de marcher vers l'est. Et, bien
entendu, vous avez été mis, en bonne et due place,
sur la note de frais du roi. Je dois même vous avouer
que tout ce qu'il me demande, en dehors de vous,
est sans importance. *(Il rêve un peu.)* Curieux
homme! La politique de l'Angleterre eût été de
fermer l'autre mâchoire de la tenaille, en profitant
de l'agressivité de l'Empereur. Il sacrifie délibéré-
ment cette opportunité au plaisir de vous voir chassé.
Il vous hait donc bien?

BECKET, *simplement.*

Sire, nous nous aimions et je crois qu'il ne me
pardonne pas de lui avoir préféré Dieu.

LE ROI LOUIS

Votre roi ne fait pas bien son métier, Archevêque.
Il cède à la passion. Enfin! Il a choisi de marquer
un point contre vous, au lieu de le marquer contre
moi. Vous êtes sur sa note, je dois payer le prix et
vous bannir. Je ne le fais pas sans une certaine
honte. Où comptez-vous aller?

BECKET

Je suis un pasteur qui est resté bien longtemps
éloigné de son troupeau. Je compte rentrer en
Angleterre. Cette décision était déjà prise avant
l'audience de Votre Majesté.

LE ROI LOUIS, *surpris.*

Vous avez le goût du martyre? Vous me décevez.
Vous m'aviez paru un homme plus sain.

BECKET

Serait-il sain d'aller mendier, sur les routes d'Europe, une place disputée à la peur, où ma carcasse
serait en sécurité? D'ailleurs où ma carcasse serait-
elle en sécurité?... Je suis Archevêque-primat d'Angleterre. C'est une étiquette un peu voyante dans
mon dos. L'honneur de Dieu et la raison qui, pour
une fois, coïncident, veulent qu'au lieu de risquer le
coup de couteau d'un homme de main obscur, sur
une route, j'aille me faire tuer — si je dois me faire
tuer — coiffé de ma mitre, vêtu de ma chape dorée
et ma croix d'argent en main, au milieu de mes
brebis, dans mon Église Primatiale. Ce lieu seul est
décent pour moi.

LE ROI LOUIS, *après un temps.*

Vous avez sans doute raison. *(Il soupire.)* Ah!
comme il est dommage quelquefois d'être roi, quand
on a la surprise de rencontrer un homme... Vous me
direz, heureusement, que les hommes sont rares.
Pourquoi n'êtes-vous pas né de ce côté de la Manche,
Becket? *(Il sourit.)* Il est vrai que c'est sans doute
à moi que vous auriez fait des ennuis! L'honneur de
Dieu est une chose bien encombrante... *(Il rêve encore
un peu, puis dit soudain :)* Après tout, tant pis!
Vous me plaisez trop. Je m'offre un moment d'humain. Je vais essayer quelque chose, quitte à ce que
votre maître en profite pour grossir sa note; car, en
somme, vous chasser, ça ne me coûtait rien qu'un
peu d'honneur... Je rencontre Henri dans quelques
jours, à La Ferté-Bernard, pour sceller nos accords.
Je vais essayer de le convaincre de faire sa paix avec
vous. Acceptez-vous, éventuellement, de lui parler?

BECKET

Sire, depuis que nous avons cessé de nous voir, je
n'ai pas cessé de lui parler.

Le noir. Des sonneries de trompettes prolon-
gées. Le décor est complètement enlevé; il ne reste
que le cyclorama entourant le plateau nu. C'est
une vaste plaine aride, battue par les vents.
Trompettes encore. Des seigneurs et des hommes
d'armes, tous à cheval, sont massés d'un côté de
la scène, masses aux couleurs éclatantes, héris-
sées de lances et d'oriflammes, ils sont tous tour-
nés vers le fond du décor, comme s'ils regardaient
quelque chose.

LE ROI LOUIS, *à ses barons.*

Cela n'a pas été sans mal! Becket acceptait tout,
en souriant. Il marquait même beaucoup de complai-
sance pour les exigences du roi comme pour celles
d'un enfant boudeur. Le roi ne voulait rien entendre.
Il miaulait comme un tigre, la main sur son poignard.

PREMIER BARON

Il le hait bien!

LE ROI LOUIS, *doucement.*

Messieurs, ou nous ne sommes pas psychologues,
ou, des deux, c'est lui qui aime d'amour. Becket a
une tendresse protectrice pour le roi. Mais il n'aime
au monde que l'idée qu'il s'est forgée de son honneur.

DEUXIÈME BARON

Les voilà qui s'avancent l'un vers l'autre...

LE ROI LOUIS

Seuls, au milieu de la plaine nue, comme deux
rois.

PREMIER BARON, *soudain furieux.*

Sire, je comprends le roi d'Angleterre! Il y a
quelque impudeur pour un sujet à exiger de pareils
égards!

LE ROI LOUIS, *doucement.*

Il n'y a pas de fumée sans feu, Baron. S'il a osé

les exiger et si deux Majestés ont trouvé naturel de
les lui rendre, c'est qu'elles ont senti que cet homme,
avec son <u>obstination calme</u>, représentait un autre
roi. Qu'ils se donnent le baiser de paix, suivant la
coutume inviolable et sacrée! Ce ne sera probable-
ment pas, pour nous, de la meilleure politique, mais
<u>nous ne pouvons nous empêcher, humainement, de
le souhaiter</u> [1].

> *Un garde au premier plan, à un autre plus
> jeune :*

LE GARDE

Ouvre tes mirettes, petite tête! Et fourre-t'en
jusque-là! Tu es nouveau dans le métier, mais c'est
pas tous les jours que tu reverras ce que tu vois.
C'est une entrevue historique!

LE PLUS JEUNE

N'empêche qu'il fait rudement froid! Ils vont nous
faire poireauter longtemps?

LE GARDE

Nous, on est protégés par la corne du bois, mais
eux, en plein milieu de la plaine, dis-toi qu'ils ont
encore plus froid que nous.

LE PLUS JEUNE

Il monte bien, l'archevêque, pour un curé! Mais,
d'ici à ce que sa jument le foute par terre, il n'y a
qu'un pas. Elle est mauvaise, la carne! Regarde ça!

LE GARDE

Laisse-le faire. Avant d'être curé, c'est un gars qui
gagnait tous les tournois.

LE PLUS JEUNE, *après un temps.*

Ça y est. Ils se sont rejoints. Qu'est-ce que tu
crois qu'ils se disent?

1. Cette scène est supprimée à la représentation à Paris.

LE GARDE

Tu te figures peut-être qu'ils se demandent des
nouvelles de leur famille, couillon? Ou qu'ils se
plaignent de leurs engelures? Le sort du monde,
qu'ils débattent en ce moment! Des choses que toi
et moi on n'y comprendra jamais rien. Même les
mots dont ils se servent, ces gros bonnets-là, tu les
comprendrais pas!

> *Le noir. Puis la lumière. Tout le monde a
> disparu. Il n'y a plus, au milieu de la plaine,
> que Becket et le roi à cheval, l'un en face de
> l'autre. On entendra, pendant toute la scène, le
> vent d'hiver, comme une mélopée aiguë sous leurs
> paroles. Pendant leurs silences, on n'entendra
> plus que lui.*

LE ROI

Tu as vieilli, Thomas.

BECKET

Vous aussi, Altesse. Vous n'avez pas trop froid?

LE ROI

Si. Je pèle de froid. Tu dois être content, toi!
Tu es dans ton élément. Et tu es pieds nus, en plus?

BECKET *sourit.*

C'est ma nouvelle coquetterie.

LE ROI

Avec mes poulaines fourrées, je crève d'engelures.
Tu n'en as pas?

BECKET, *doucement.*

Si, bien sûr.

LE ROI *ricane.*

Tu les offres à Dieu, au moins, saint moine?

BECKET, *grave.*

J'ai mieux à lui offrir.

LE ROI *crie soudain.*

Si nous commençons tout de suite, nous allons nous disputer! Parlons de choses indifférentes. Tu sais que mon fils a quatorze ans? Il est majeur.

BECKET

Il s'est amélioré?

LE ROI

Un petit imbécile, sournois comme sa mère. Ne te marie jamais, Becket!

BECKET *sourit.*

La question est réglée maintenant. Et par Votre Altesse. C'est elle qui m'a fait ordonner prêtre.

LE ROI *crie encore.*

Ne commençons pas encore, je te dis! Parlons d'autre chose.

BECKET *demande, léger.*

Votre Altesse a beaucoup chassé?

LE ROI, *furieux.*

Tous les jours! Et cela ne m'amuse plus.

BECKET

Elle a de nouveaux faucons?

LE ROI, *furieux.*

Les plus chers! Mais ils volent mal.

BECKET

Et les chevaux?

LE ROI

Le sultan m'a envoyé quatre étalons superbes pour le dixième anniversaire de mon règne. Mais ils foutent tout le monde par terre. Personne n'a encore pu les monter.

BECKET *sourit.*

Il faudra que je vienne voir ça un jour.

LE ROI

Ils te foutront par terre comme les autres! Et on verra ton cul sous ta robe. Du moins, je l'espère, ou ça serait à désespérer de tout!

BECKET, *après un petit temps.*

Vous savez ce que je regrette le plus, Altesse? Ce sont les chevaux.

LE ROI

Et les femmes?

BECKET, *simplement.*

J'ai oublié.

LE ROI

Hypocrite! Tu es devenu hypocrite en devenant curé. *(Il demande soudain :)* Tu l'aimais, Gwendoline?

BECKET

J'ai oublié aussi.

LE ROI

Tu l'aimais! C'est la seule explication que j'ai trouvée.

BECKET, *grave.*

Non, mon prince, en mon âme et conscience, je ne l'aimais pas.

LE ROI

Alors, tu n'as jamais rien aimé, c'est pire. *(Il demande, bourru :)* Pourquoi m'appelles-tu ton prince, comme autrefois?

BECKET, *doucement.*

Parce que vous êtes resté mon prince.

LE ROI *crie.*

Alors, pourquoi me fais-tu du mal?

BECKET, *à son tour, doucement.*

Parlons d'autre chose.

LE ROI

De quoi? J'ai froid.

BECKET

Je vous ai toujours dit, mon prince, qu'il fallait lutter contre le froid avec les armes du froid. Mettez-vous nu tous les matins et lavez-vous à l'eau froide.

LE ROI

Je l'ai fait autrefois, quand tu étais là pour m'y obliger. Maintenant, je ne me lave plus. Je pue! Un temps, je me suis laissé pousser la barbe. Tu l'as su?

BECKET *sourit.*

Oui. J'ai bien ri.

LE ROI

Après, je l'ai coupée, parce que cela me grattait. *(Il crie, soudain, comme un enfant perdu :)* Je m'ennuie, Becket!

BECKET, *grave.*

Mon prince. Je voudrais tant pouvoir vous aider.

LE ROI

Qu'est-ce que tu attends? Tu vois que je suis en train d'en crever!

BECKET, *doucement.*

Que l'honneur de Dieu et l'honneur du roi se confondent.

LE ROI

Cela risque d'être long!

BECKET

Oui. Cela risque d'être long.

Il y a un silence. On n'entend plus que le vent.

LE ROI, *soudain.*

Si on n'a plus rien à se dire, il vaut autant aller se réchauffer!

BECKET

On a tout à se dire, mon prince. L'occasion ne se présentera peut-être pas deux fois.

LE ROI

Alors, fais vite. Sinon, c'est deux statues de glace qui se réconcilieront dans un froid définitif. Je suis ton roi, Becket! Et tant que nous sommes sur cette terre, tu me dois le premier pas. Je suis prêt à oublier bien des choses, mais pas que je suis roi. C'est toi qui me l'as appris.

BECKET, *grave.*

Ne l'oubliez jamais, mon prince. Fût-ce contre Dieu! Vous, vous avez autre chose à faire. Tenir la barre du bateau.

LE ROI

Et toi, qu'est-ce que tu as à faire?

BECKET

J'ai à vous résister de toutes mes forces, quand vous barrez contre le vent.

LE ROI

Vent en poupe, Becket? Ce serait trop beau! C'est de la navigation pour petites filles. Dieu avec le roi? Ça n'arrive jamais. Une fois par siècle, au moment des croisades, quand toute la chrétienté crie : « Dieu le veut! » Et encore! Tu sais comme moi quelle cuisine cela cache une fois sur deux, les croisades. Le reste du temps, c'est vent debout. Et il faut bien qu'il y en ait un qui se charge des bordées!

BECKET

Et un autre qui se charge du vent absurde —
et de Dieu. La besogne a été, une fois pour toutes,
partagée. Le malheur est qu'elle l'ait été entre nous
deux, mon prince, qui étions amis.

LE ROI *crie, avec humeur.*

Le roi de France — je ne sais pas encore ce qu'il y
gagne — m'a sermonné pendant trois jours pour que
nous fassions notre paix. A quoi te servirait de me
pousser à bout?

BECKET

A rien.

LE ROI

Tu sais que je suis le roi et que je dois agir comme
un roi. Qu'espères-tu? Ma faiblesse?

BECKET

Non. Elle m'atterrerait.

LE ROI

Me vaincre par force?

BECKET

C'est vous qui êtes la force.

LE ROI

Me convaincre?

BECKET

Non plus. Je n'ai pas à vous convaincre. J'ai
seulement à vous dire non.

LE ROI

Il faut pourtant être logique, Becket!

BECKET

Non. Cela n'est pas nécessaire, mon roi! Il faut

seulement faire, absurdement, ce dont on a été
chargé — jusqu'au bout.

LE ROI

Je t'ai bien connu tout de même! Dix ans, petit
Saxon! A la chasse, au bordel, à la guerre; tous les
deux des nuits entières derrière des pots de vin;
dans le lit de la même fille quelquefois — et même
au conseil devant la besogne. Absurdement. Voilà
un mot qui ne te ressemble pas.

BECKET

Peut-être. Je ne me ressemble plus.

LE ROI *ricane.*

Tu as été touché par la grâce?

BECKET, *grave.*

Pas par celle que vous croyez. J'en suis indigne.

LE ROI

Tu t'es senti redevenir saxon, malgré les bons
sentiments collaborateurs du papa?

BECKET

Même pas.

LE ROI

Alors?

BECKET

Je me suis senti chargé de quelque chose tout
simplement, pour la première fois, dans cette cathédrale vide, quelque part en France, où vous m'avez
ordonné de prendre ce fardeau. J'étais un homme
sans honneur. Et, tout d'un coup, j'en ai eu un,
celui que je n'aurais jamais imaginé devoir devenir
mien, celui de Dieu. Un honneur incompréhensible
et fragile, comme un enfant-roi poursuivi.

LE ROI, *qui se fait plus brutal.*

Si nous parlions de choses précises, Becket, avec

des mots à ma portée? Sinon, nous n'en finirons
plus. J'ai froid. Et les autres nous attendent à chaque
bout de cette plaine.

BECKET

Je suis précis.

LE ROI

Alors, c'est moi qui suis un imbécile. Parle-moi
comme à un imbécile! C'est un ordre. Lèveras-tu
l'excommunication de Guillaume d'Aynesford et les
autres que tu as prononcées contre des hommes à
moi?

BECKET

Non, mon roi, car je n'ai que cette arme pour
défendre cet enfant à moi confié, qui est nu.

LE ROI

Accepteras-tu les douze propositions qu'ont admises
mes évêques en ton absence à Northampton, et
notamment de renoncer à la protection abusive des
clercs saxons, qui se font tonsurer pour fuir la glèbe?

BECKET

Non, mon roi. Car mon rôle est de défendre mes
brebis et ils sont mes brebis. *(Après un temps, il dit
enfin :)* Je n'accepterai pas non plus que le choix
des curés échappe à l'Épiscopat, ni qu'aucun clerc
soit justiciable d'une autre juridiction que d'Église.
Ce sont là mes devoirs de pasteur qu'il ne m'appartient pas de résigner. Mais j'accepterai les neuf
autres articles, par esprit de paix, et parce que je
sais qu'il faut que vous restiez le roi — fors l'honneur de Dieu.

LE ROI, *froid, après un temps.*

Eh bien, soit. Je t'aiderai à défendre ton Dieu,
puisque c'est ta nouvelle vocation, en souvenir du
compagnon que tu as été pour moi — fors l'honneur
du royaume! Tu peux rentrer en Angleterre, Thomas.

BECKET

Merci, mon prince. Je comptais de toute façon y rentrer et m'y livrer à votre pouvoir, car sur cette terre, vous êtes mon roi. Et pour ce qui est de cette terre, je vous dois obéissance.

LE ROI, *embarrassé, après un temps.*

Eh bien, retournons, maintenant. Nous avons fini. J'ai froid.

BECKET, *sourdement aussi.*

Moi aussi, maintenant, j'ai froid.

> *Un silence encore. Ils se regardent. On entend le vent.*

LE ROI *demande soudain.*

Tu ne m'aimais pas, n'est-ce pas, Becket?

BECKET

Dans la mesure où j'étais capable d'amour, si, mon prince.

LE ROI

Tu t'es mis à aimer Dieu? *(Il crie :)* Tu es donc resté le même, sale tête, à ne pas répondre quand on te pose une question?

BECKET, *doucement.*

Je me suis mis à aimer l'honneur de Dieu.

LE ROI, *sombre.*

Rentre en Angleterre. Je te donne ma paix royale. Puisses-tu avoir la tienne. Et ne pas t'être trompé sur toi-même. Je ne te supplierai jamais plus. *(Il crie, soudain :)* Je n'aurais pas dû te revoir! Cela m'a fait mal!

> *Il est soudain secoué d'un sanglot qui le casse sur son cheval.*

BECKET, *ému, s'approche et murmure.*

Mon prince.

LE ROI *hurle.*

Ah! non, pas de pitié! C'est sale. Arrière! Rentre en Angleterre! Rentre en Angleterre! On a trop froid ici!

BECKET, *grave, faisant tourner son cheval*
et se rapprochant du roi.

Adieu, mon prince. Me donnez-vous le baiser de paix?

LE ROI

Non. Je ne puis plus t'approcher. Je ne puis plus te voir. Plus tard! Plus tard! Quand je n'aurai plus mal!

BECKET

Je m'embarquerai demain. Adieu, mon prince. Je sais que je ne vous reverrai plus.

LE ROI *lui crie, défiguré, haineux.*

Pourquoi oses-tu me dire cela après ma parole royale? Me prends-tu pour un traître? *(Becket le regarde encore un instant, grave, avec une sorte de pitié dans son regard. Puis, il détourne lentement son cheval et s'éloigne. Le vent redouble. Le roi crie soudain :)* Thomas!

Mais Becket n'a pas entendu. Il s'éloigne et le roi ne crie pas une seconde fois. Il cabre son cheval et part au galop dans la direction opposée. La lumière baisse et revient dans le bruit du vent qui augmente. C'est l'autre partie de la plaine, autour du roi de France.

LE ROI LOUIS

Ils ont fini. Ils se séparent.

PREMIER BARON

Ils n'ont pas échangé le baiser de paix.

LE ROI LOUIS

Non. J'ai vu cela. J'ai peur que notre intercession

royale ait été vaine. On ne réconcilie pas l'eau et le
feu. Le voici! *(Becket arrive et arrête son cheval près
du roi. On s'écarte.)* Eh bien, Becket?

BECKET, *impénétrable.*

Merci, Sire, ma paix est faite.

LE ROI LOUIS

De quelle paix voulez-vous parler? Celle de votre
âme ou de la paix du roi? Si c'est celle-là, elle ne
semblait guère chaleureuse de loin.

BECKET

La paix du roi, Sire. Pour l'autre, qui est bien
incertaine aussi, elle dépend d'un autre roi.

LE ROI LOUIS

Henri ne vous a pas donné le baiser de paix,
n'est-ce pas?

BECKET

Non.

LE ROI LOUIS

Je ne voudrais pas, pour mon pesant d'or, vous
avoir donné le conseil de rentrer, Becket! Vous allez
m'être un embarras, mais qu'importe! Restez ici. Ne
vous fiez pas à votre roi, tant qu'il ne vous aura pas
donné le baiser de paix.

BECKET

Je m'embarquerai demain, Sire. On m'attend
là-bas.

LE ROI LOUIS

Qui vous attend? *(Becket a un sourire triste, un
geste vague et ne répond pas. Trompettes lointaines.)*
Les troupes du roi Henri s'éloignent. L'entrevue est
terminée. Rentrons à La Ferté-Bernard, messieurs [1].

1. Cette scène est supprimée à la représentation à Paris
ainsi que les deux scènes suivantes dans la barque et sur la

Ils sortent tous. Trompettes proches. Devant le cyclorama qui est assombri, une barque sur la scène. C'est la nuit. A bord Becket, le petit moine et un marinier.

Tonnerre, tempête. La barque manque chavirer. Ils sont projetés les uns sur les autres par une lame. Becket éclate de rire et crie au petit qui écope :

BECKET

Écope, petit, écope! Ce qu'il faut, c'est en rejeter autant qu'on en reçoit, voilà tout!

LE MARINIER *crie à Becket.*

Tenez bon, mon Père! La Manche est mauvaise à cette époque-ci, mais j'en ai vu d'autres! Et Dieu, qui ne me noie pas quand j'ai fait mon plein de maquereaux, ne voudra sûrement pas me noyer le jour où je transporte un saint homme!

BECKET *lui aussi crie, riant, comme apaisé dans la tempête.*

L'habit ne fait pas le moine! Prie, mon fils! On n'est jamais sûr que c'est un saint homme qu'on transporte!

LE MARINIER *lui crie.*

Priez plutôt, vous, mon Père! Moi, je m'occupe de cette garce de barre! Ça me suffit.

BECKET, *riant dans le vent.*

Tu as raison. Chacun son ouvrage!

Une vague plus haute. La voile claque, la barque semble s'engloutir. Le marin redresse et crie :

lande de Sandwich. Quelques répliques de Becket et du petit moine ont été reportées dans leur scène précédant le meurtre. On les trouvera, pour une représentation éventuelle, en note à la fin du volume.

LE MARINIER

Bravo, mon Père! On voit que vous savez prier, vous! Cette fois-là, on aurait dû y passer!

BECKET *murmure souriant, le visage ruisselant d'embruns.*

O bonne tempête de Dieu! Les tempêtes des hommes sont ignobles. Elles laissent un mauvais goût dans la bouche; qu'on en sorte vainqueur ou vaincu. Il n'y a que contre les bêtes sauvages, contre l'eau, le feu et le vent qu'il est bon à l'homme de lutter. *(Il crie au petit moine, désignant le vieux qui lutte cramponné à la barre :)* Regarde-le, à sa barre, le vieux marron sculpté. Avec sa chique qu'il ne crachera jamais, même pour boire le bouillon. Regarde l'homme, sur sa coque de noix, tranquille au milieu de l'enfer. Il peut tout. Ah! J'aime les hommes! La rude race!

Une nouvelle vague, le marinier redresse et crie :

LE MARINIER

Allez-y ferme, mon Père! Encore quelques *Pater* et nous aurons passé le plus mauvais. Priez dur!

BECKET *lui crie, joyeux, dans le vent.*

Compte sur moi! Mais tiens ferme, toi aussi, mon vieux! Dieu s'amuse. Il sait bien que ce n'est pas comme ça que je dois mourir.

La barque plonge encore dans une vague haute comme une maison et disparaît. Le tonnerre, les éclairs encore dans la nuit, sur la mer déchaînée, dans une nuit épaisse. Puis, une lumière incertaine. C'est une côte désertique. On entend encore le bruit de la mer au loin, mais c'est une impression de calme. Becket et le petit moine sont debout, l'un près de l'autre, sur la grève nue. Une aube vague et grise.

BECKET

Où sommes-nous?

LE PETIT MOINE

On dirait la côte, pas loin de Sandwich.

BECKET

Puisses-tu dire vrai. Je connais le pays. Nous allons pouvoir regagner Cantorbéry par des chemins de traverse.

LE PETIT MOINE

Cet homme qui a couru vers nous sur la grève, au moment où nous allions nous embarquer en France, a dit qu'ils nous attendaient quelque part sur cette côte.

BECKET

Dieu leur a envoyé une bonne tempête pour les tromper. Ils n'ont pas dû croire que nous avons pu traverser. Ils sont rentrés chez eux se coucher. Les assassins eux-mêmes dorment.

LE PETIT MOINE *demande, c'est une simple question.*

Faudra-t-il mourir?

BECKET

Sans doute, mon fils. Mais où et quand? Dieu seul l'a décidé. J'espère que nous arriverons jusqu'à mon église. J'ai idée que cela sera là-bas. Tu as peur?

LE PETIT MOINE, *simplement*

Oh! non. Si on a le temps de se battre. Ce que je veux seulement, avant, c'est donner quelques coups, que je n'aie pas fait qu'en recevoir. Si je tue seulement un Normand avant — un seul, je ne suis pas exigeant — un pour un, ça me paraîtra tout de même juste. On y va, mon Père? On va leur montrer à nous deux qu'ils nous font pas peur avec leurs cottes de mailles et leurs grandes lances, ceux qui nous attendent de ce côté?

BECKET, *lui prenant la main.*

On y va!

LE PETIT MOINE

C'est bon de mourir pour quelque chose. De se dire qu'on est un petit grain de sable, c'est tout, mais qu'à force de mettre des grains de sable dans la machine, un jour, elle grincera et elle s'arrêtera.

BECKET, *doucement.*

Et ce jour-là?

LE PETIT MOINE

On mettra une belle machine toute neuve et bien huilée, à la place de la vieille et, cette fois, ce sont les Normands qu'on fourrera dedans. *(Il demande, sincère :)* C'est ça, n'est-ce pas, la justice?

BECKET

Oui, ce doit être cela. Prions tous les deux avant de partir. Nous en avons rudement besoin. *(Il joint les mains, debout à côté du petit moine qui prie, la tête baissée. Il murmure :)* Oh! mon Dieu. Vous qui savez ce que nous allons chercher, chacun de notre côté, à votre rendez-vous — rien de pur ni l'un ni l'autre, je le crains — protégerez-vous notre pauvre couple? Nous garderez-vous jusqu'au bout, jusqu'au pied de votre autel où cela doit se passer? *(Il fait le signe de croix et se retourne vers le petit moine.)* Allons maintenant. Il faut profiter du reste de nuit pour marcher. Qu'est-ce que tu fais?

LE PETIT MOINE, *accroupi.*

J'essaie de rafistoler ce qui reste de ma sandale. Ça tombe bien si je meurs demain, parce que j'avais plus rien aux pieds.

Il travaille, sérieux et cocasse, avec son couteau. Becket le regarde. Il murmure :

BECKET

Cela aurait été une solution aussi, mon Dieu, d'aimer les hommes.

LE PETIT MOINE *s'est relevé.*

Ça y est. Ça tiendra un bout de temps.

BECKET, *lui prenant la main.*

Alors, allons-y du pied gauche. Et si on sifflait quelque chose d'un peu gai, tous les deux, pour se réchauffer? Ce serait un péché, tu crois, étant donné où nous allons? Après tout, Dieu envoie ses épreuves, mais il n'a jamais dit, nulle part, qu'on ne pouvait pas les accepter en sifflant?

Ils s'éloignent tous les deux sur la grève, la main dans la main, sifflant la marche qu'affectionne Becket. La lumière change. Des rideaux rouges tombent. Des valets apportent la table, les escabeaux, le haut fauteuil du roi. Henri, son fils aîné, les reines et les barons prennent place autour de la table. Des torchères font une lumière crue et des ombres mouvantes. On entendra la marche courageuse sifflée en coulisse pendant le changement de décor.

Tous attendent, debout autour de la table. Le roi, le regard étincelant d'ironie méchante, les regarde tous, puis il clame :

LE ROI

Messieurs, aujourd'hui, ce n'est pas moi qui m'assiérai le premier! *(A son fils, qu'il salue comiquement :)* Vous êtes roi, Monsieur! A vous l'honneur. Prenez ce fauteuil et aujourd'hui, c'est moi qui vous servirai.

LA REINE MÈRE, *un peu agacée.*

Mon fils!

LE ROI

Je sais ce que je fais, Madame. *(Il crie soudain :)* Allons, bougre d'idiot, grouille! Tu es roi, mais tu es toujours aussi bête. *(Sournois et un peu gêné, le garçon qui a ébauché le geste d'esquiver une gifle quand son père a crié, va s'asseoir à la place d'Henri.)* Prenez place, messieurs. Moi je reste debout. Barons d'Angleterre, voici votre second roi! Pour le bien de nos vastes provinces, un collègue en royauté nous était devenu nécessaire. Renouant avec une antique coutume, nous avons voulu faire sacrer notre successeur de notre vivant et partager nos responsabilités avec lui. Nous vous demandons aujourd'hui de lui rendre votre hommage et de l'honorer du même titre que nous.

Il fait un signe. Deux écuyers tranchants ont apporté une pièce de venaison sur un grand plat d'argent. Le roi sert son fils.

LA REINE, *à son fils.*

Tenez-vous droit. Et tâchez au moins de manger proprement, aujourd'hui que vous êtes à l'honneur.

LE ROI *grommelle, le servant.*

Il ne paie guère de mine. C'est un petit sournois, un peu borné. Mais enfin, un jour, il sera bel et bien votre roi; autant vous y habituer tout de suite! Et d'ailleurs, c'est tout ce que j'avais à vous offrir...

LA REINE MÈRE *éclate soudain, indignée.*

Allez mon fils! Ce jeu est indigne de vous et de nous. Vous l'avez voulu — contre mes avis — jouez-le du moins dignement.

LE ROI *se retourne, furieux.*

Je joue aux jeux qui m'amusent, Madame, et de la façon qui m'amuse! Cette chienlit, messieurs, d'ailleurs sans aucune importance — si votre nouveau roi bouge, venez me le dire, je m'en chargerai avec un coup de pied au train —, aura tout au moins un résultat appréciable, celui de montrer à notre nouvel ami l'Archevêque-primat que nous savons nous passer de lui! Mais s'il y avait un antique privilège auquel la Primatie tenait, dur comme fer, c'était bien celui d'avoir, seule, le droit d'oindre et de sacrer les rois de ce pays. Eh bien, c'est cette vieille crapule d'archevêque d'York — avec de bonnes lettres du Pape l'y autorisant (j'y ai mis le prix) — qui sacrera, demain, notre fils dans notre cathédrale. Âh! la bonne farce! *(Il pouffe bruyamment dans le silence des autres.)* Ah! la bonne, l'excellente farce!

Ah! la tête de l'Archevêque quand il aura à digérer ça! *(A son fils :)* Sors de là, maintenant, imbécile, et retourne au bout de la table avec ta viande. Tu ne seras sacré officiellement que demain.

> *Le petit, avec un regard soumis et haineux à son père, change de place, emportant son assiette.*

LE ROI, *qui l'a regardé passer, goguenard.*

Quel regard! C'est beau, les sentiments filiaux, messieurs. Tu voudrais bien que ce soit pour de bon, hein, petite brute? Tu le voudrais bien, ton numéro trois, et papa bien raide sous son catafalque? Il faudra attendre encore un peu! Papa va bien. Papa va extrêmement bien!

LA REINE MÈRE

Mon fils, Dieu sait si j'ai critiqué votre tentative de rapprochement avec ce misérable, qui ne nous a fait que du mal... Dieu sait si je comprends votre haine pour lui! Mais, du moins qu'elle ne vous entraîne pas à un geste gros de conséquences, pour le seul plaisir de blesser son orgueil. Henri n'est encore qu'un enfant. Mais vous n'étiez guère plus grand que lui quand vous avez voulu gouverner par vous-même, contre moi. Des ambitieux — qui ne manquent jamais autour des princes — peuvent le conseiller, monter un parti contre vous, s'autorisant de ce couronnement hâtif et diviser le royaume. Songez-y, il est encore temps!

LE ROI

Nous sommes encore là, Madame, je vous dis! Et rien n'égale mon plaisir à imaginer la tête de mon orgueilleux ami Becket, quand il verra le privilège essentiel de la Primatie escamoté. Je me suis laissé grignoter quelques articles, l'autre jour, mais je l'attendais à ce tournant-là.

LA REINE MÈRE *se dresse.*

Henri! J'ai été plus longtemps chargée du poids des affaires que vous. J'ai été votre reine et je suis votre mère. Vous êtes comptable des intérêts d'un grand royaume, pas de vos humeurs. Vous avez déjà trop donné au roi de France, à La Ferté-Bernard. C'est de l'Angleterre que vous devez vous occuper, pas de votre haine — ou de votre amour déçu — pour cet homme!

LE ROI *se dresse aussi furieux.*

Mon amour déçu, mon amour déçu? Qui vous autorise, Madame, à vous occuper de mes amours?

LA REINE MÈRE

Vous avez contre cet homme une rancœur qui n'est ni saine ni virile! Le roi, votre père, traitait plus vivement et plus sommairement ses ennemis. Il les faisait tuer et n'en parlait pas tant. Thomas Becket serait une femme qui vous aurait trahi et que vous aimeriez encore, vous n'agiriez pas autrement. Tudieu! Arrachez-vous-le une bonne fois du cœur. *(Elle rugit soudain :)* Ah! si j'étais un homme!

LE ROI, *goguenard.*

Remercions Dieu, Madame. Il vous a doté de mamelles dont je n'ai jamais, d'ailleurs, personnellement profité... J'ai tété une paysanne.

LA REINE MÈRE, *aigre.*

Sans doute, est-ce pour cela que vous êtes resté aussi lourd, mon fils.

LA REINE *se dresse soudain à son tour.*

Et moi, n'ai-je point la parole? Je vous ai toléré vos maîtresses, Monsieur, mais vous croyez que je tolérerai tout? Me prenez-vous pour une de vos margotons, ou songez-vous quelquefois de quelle race je suis? Je suis lasse d'avoir ma vie encombrée par cet homme. Toujours lui! Toujours lui! On ne parle que de lui, ici! Il était presque moins encombrant quand vous l'aimiez. Je suis femme. Je suis votre femme et votre reine. Je ne veux plus être traitée ainsi. Je me plaindrai au duc d'Aquitaine, mon Père! Je me plaindrai à mon oncle, l'Empereur!

Je me plaindrai à tous les rois d'Europe, mes
parents! Je me plaindrai à Dieu!

LE ROI, *tonnant, un peu vulgaire.*

Commencez donc par Dieu! Filez dans votre
oratoire voir s'il y est! *(Il se retourne vers sa mère,
flamboyant.)* Et vous, l'autre Madame, dans votre
cabinet, avec vos conseillers secrets, pour y tramer
vos toiles! Sortez, toutes les deux! Je ne veux plus
vous voir! Je vomis d'ennui quand je vous vois!
Et le jeune Henri III de même! Et plus vite que
ça! *(Il le chasse à coups de pied, hurlant :)* Mon pied
royal dans vos fesses royales! Et toute ma famille au
diable, s'il en veut! Sortez! Sortez! Sortez tous!

> *Elles sont sorties en désordre, dans un grand
> froissement de soie. Il se retourne vers ses barons
> qui se sont dressés, épouvantés.*

LE ROI, *un peu calmé.*

Buvons, messieurs, puisque avec vous c'est tout ce
qu'on peut faire. Soûlons-nous, comme des hommes,
toute la nuit! jusqu'à ce que nous roulions sous la
table, dans les vomissures et l'oubli. *(Il les sert, les
attirant à lui d'un geste.)* Ah! mes quatre imbéciles!
Mes fidèles. Il fait chaud avec vous, comme dans
une étable. Bonnes sueurs. Bons néants. *(Il leur cogne
la tête.)* Pas la plus petite lueur, là-dedans, pour
déranger un peu la fête. Dire qu'avant lui j'étais
comme vous! Une bonne grosse machine à roter après
boire, à pisser, à enfourcher les filles et à donner des
coups. Qu'est-ce que tu es venu y fourrer, Becket,
pour que cela ne tourne plus rond? *(Il demande
soudain :)* Vous pensez, vous, quelquefois, baron?

DEUXIÈME BARON

Jamais, Altesse. Cela n'a jamais réussi à un Anglais.
C'est malsain. Et d'ailleurs un gentilhomme a autre
chose à faire.

LE ROI, *calmé soudain.*

Buvons, messieurs! Cela a été, de tout temps,

reconnu sain. *(Il se sert, les sert et demande :)* Becket
a abordé? On m'a dit que la mer avait été trop
mauvaise ces jours-ci pour lui permettre le passage?

PREMIER BARON, *sombre.*

Il a abordé, Altesse, malgré la mer.

LE ROI

Où?

PREMIER BARON

Sur une côte déserte, près de Sandwich.

LE ROI

Dieu n'a pas voulu le noyer?

PREMIER BARON

Non.

LE ROI *demande soudain,
prenant son air de brute sournoise.*

Personne ne l'attendait là-bas? Il n'a pas que des
amis, pourtant, en Angleterre!

PREMIER BARON

Si. Gervais, vicomte de Kent, Regnouf de Broc et
Regnault de Garenne l'attendaient. Gervais avait dit
que, s'il osait aborder, il lui couperait la tête, de sa
propre main. Mais les hommes de race anglaise, de
toutes les villes de la côte, s'étaient armés pour faire
escorte à l'Archevêque. Et le doyen d'Oxford est allé
à la rencontre des barons, les adjurant de ne point
faire couler le sang et vous faire passer pour traître,
puisque l'Archevêque avait votre sauf-conduit.

LE ROI, *sombre.*

Il a mon sauf-conduit.

PREMIER BARON

Tout le long de la route de Cantorbéry, les paysans,
les ouvriers, les petits marchands sont venus à sa
rencontre, l'acclamant et lui faisant escorte de vil-

lage en village. Pas un homme riche ne s'est montré,
pas un Normand.

LE ROI

Seulement des Saxons?

PREMIER BARON

De pauvres gens armés d'écus de fortune et de
lances rouillées. De la racaille. Mais nombreuse, qui
campe autour de Cantorbéry, pour le protéger, disent
ses meneurs. Une immense masse en haillons, sortie
de ses trous, qu'on ne voyait jamais. Les évêques et
les barons commencent à craindre pour leur sécurité,
enfermés dans leurs places fortes, au milieu de cette
vermine qui tient tout le pays. *(Il conclut, sombre :)*
On n'aurait jamais pu croire qu'il y avait tant de
monde en Angleterre.

*Le roi est resté silencieux, prostré; soudain, il
se lève et rugit :*

LE ROI

Un misérable qui a mangé mon pain! Un homme
que j'ai tiré du néant de sa race! Que j'ai aimé!
(Il crie, comme un fou :) Je l'ai aimé! *(Il leur crie,
comme un défi absurde :)* Oui, je l'ai aimé! Et je
crois bien que je l'aime encore. Assez, mon Dieu!
Assez! Arrêtez, mon Dieu, j'en ai assez!

*Il s'est jeté sur le lit de repos, en proie à une
crise nerveuse, sanglotant, déchirant le matelas de
crin avec ses dents, mangeant le crin. Les barons,
étonnés, se rapprochent.*

PREMIER BARON, *timide.*

Altesse...

LE ROI, *qui ne semble pas l'avoir entendu,*
gémit, la tête dans son matelas.

Rien! Je ne peux rien! Veule comme une fille.
Tant qu'il vivra, je ne pourrai jamais rien. Je tremble,
étonné, devant lui... Et je suis roi! *(Il crie, soudain :)*
Personne ne me délivrera donc de lui? Un prêtre!

Un prêtre qui me nargue et me fait injure! Il n'y a donc que des lâches, comme moi, autour de moi? Il n'y a donc plus un homme, en Angleterre? Oh! mon cœur! Mon cœur bat trop fort! *(Il est couché comme un mort, sur le matelas au crin défait. Les quatre barons sont interdits autour de lui. Soudain, sur un instrument à percussion, naît un rythme, une sorte de tam-tam sourd qui n'est, au début, que le battement du cœur agité du roi, mais qui s'amplifie et s'affirme. Les quatre barons se sont regardés en silence. Ils se dressent, bouclent leurs ceinturons, prennent leurs casques et sortent lentement, laissant le roi, sur le rythme sourd du battement du cœur qui ne cessera plus jusqu'au meurtre. Le roi est seul un instant, prostré dans la salle déserte, aux escabeaux renversés. Une torche grésille et s'éteint. Il se redresse, regarde autour de lui, s'aperçoit qu'ils sont partis et, soudain, comprend pourquoi... Il a l'œil égaré. Une hésitation, puis il s'écroule sur son matelas en rugissant, dans un sanglot :)* O mon Thomas!

> *Une deuxième torche s'éteint, faisant le noir. On n'entend plus que le tam-tam sourd et régulier. La lumière revient, incertaine. C'est la même forêt de piliers, la cathédrale de Cantorbéry. Au fond, un petit autel sur trois marches, l'amorce d'une grille. Dans un coin, à l'avant-scène, Becket que le petit moine aide à se vêtir de ses habits sacerdotaux. Sur un tabouret près d'eux, la mitre archiépiscopale, la haute croix d'argent appuyée contre un pilier.*

BECKET

Il faut que je sois beau. Fais vite!

> *Le petit moine l'habille, maladroit. On entend le tam-tam sourd, très loin d'abord, puis qui va se rapprocher.*

LE PETIT MOINE

C'est difficile, tous les petits liens. Il faudrait des mains de fille!

BECKET, *doucement.*

Des mains d'homme, aujourd'hui, c'est mieux.
Laisse les liens défaits. L'aube, vite. Et l'étole. Et
puis la chape.

LE PETIT MOINE, *appliqué.*

Il faut que ce qui doit être fait soit fait.

BECKET

Tu as raison. Il faut que ce qui doit être fait soit
fait. Lie tous les petits liens. Sans en passer un...
Dieu nous donnera le temps.

> *Un silence, le petit moine s'applique tirant la
> langue, maladroit. On entend le tam-tam plus
> proche.*

BECKET, *souriant.*

Ne tire pas la langue en t'appliquant.

> *Il le regarde travailler.*

LE PETIT MOINE, *suant et satisfait.*

Voilà. Tout est en ordre. Mais j'aurais préféré
m'occuper de mes bêtes! C'est moins dur.

BECKET

L'aube, maintenant. *(Il demande, pendant que le
petit moine l'habille :)* Tu les aimais bien, tes bêtes?

LE PETIT MOINE, *dont le regard s'éclaire.*
Oui.

BECKET

Chez mon père aussi il y avait des bêtes quand
j'étais petit. *(Il lui sourit.)* On est deux gars d'Hastings, tous les deux! Donne-moi la mitre maintenant, que je me coiffe. *(Pendant que le petit va chercher la mitre il dit doucement :)* Seigneur, vous avez
interdit à Pierre de frapper au jardin des Olives,
mais moi je ne le priverai pas de cette joie. Il n'en
a tout de même pas eu assez, pendant son court
passage ici. *(Au petit moine qui l'a coiffé de sa mitre :)*

Donne-moi ma croix d'argent, maintenant. Il faut que je la tienne.

LE PETIT MOINE, *la lui passant.*

D'autant plus qu'un bon coup avec ça : c'est que ça pèse! Ah! si je l'avais en main, moi!

BECKET *sourit, avec une caresse.*

Heureux petit Saxon! Finalement, pour toi, ce monde noir aura été en ordre jusqu'au bout. *(Il se redresse redevenu grave.)* Me voilà prêt, Seigneur, paré pour votre fête. Ne laissez pas, pendant ce temps d'attente, un dernier doute m'envahir...

> *Pendant cette scène, le tam-tam s'est rapproché. Il est tout près maintenant et se confond soudain avec de grands coups frappés dans une porte. Un prêtre entre, affolé :*

LE PRÊTRE

Monseigneur! Quatre hommes sont là, armés. Ils disent qu'ils doivent vous voir de la part du roi. J'ai fait barricader la porte, mais ils l'enfoncent. Ils ont des haches! Vite! Il faut vous retirer dans le fond de l'église et donner l'ordre de fermer la grille du chœur! Elle est solide.

BECKET, *calme.*

C'est l'heure des vêpres, Guillaume. Est-ce qu'on ferme la grille du chœur, pendant les vêpres? Cela ne se serait jamais vu.

LE PRÊTRE, *interdit.*

Non, mais...

BECKET

Alors, que tout soit dans l'ordre. On ne fermera pas la grille du chœur. Viens, petit, allons jusqu'à l'autel. Nous ne sommes pas bien ici.

> *Il se dirige vers l'autel, suivi du petit moine. Un fracas. La porte a cédé. Les quatre barons entrent, casqués, dégainant, jetant leurs haches en*

désordre. Becket s'est retourné vers eux, grave et calme, au pied de l'autel. Ils s'arrêtent un instant, incertains, déconcertés : quatre statues énormes et menaçantes. Le tam-tam s'est arrêté. Il n'y a plus qu'un épais silence. Becket dit simplement :

BECKET

Ah! Voilà enfin la bêtise. C'est son heure. *(Il ne les quitte pas des yeux. Ils n'osent bouger. Il demande froid :)* On n'entre pas armés dans la maison de Dieu. Que voulez-vous?

PREMIER BARON, *sourdement.*

Que tu meures.

Un silence, le second ajoute soudain, sourdement aussi :

DEUXIÈME BARON

Tu as fait honte au roi. Fuis ou tu es mort!

BECKET, *doucement.*

C'est l'heure de l'office.

Il se retourne vers l'autel où se dresse un haut crucifix sans plus s'occuper d'eux. Le tam-tam reprend, sourd. Les quatre hommes s'avancent, comme des automates. Le petit moine bondit, soudain, brandissant la lourde croix d'argent pour protéger Becket, mais un baron l'étend raide, d'un coup d'épée.

BECKET *murmure comme un reproche :*

Même pas un... Cela lui aurait fait tant de plaisir, Seigneur. *(Il crie soudain :)* Ah! que vous rendez tout difficile et que votre honneur est lourd! *(Il dit encore, soudain, tout bas :)* Pauvre Henri.

Les quatre hommes se sont jetés sur lui. Recevant le premier coup, il tombe. Ils s'acharnent sur son corps avec des hans de bûcherons. Le prêtre a fui avec un long hurlement dans la

*cathédrale vide. Le noir soudain. La lumière
revient.*

*A la même place, le roi nu, à genoux, sur
la tombe de Becket, comme au début de la pièce.
Quatre moines lui tapent dessus, avec des cordes,
faisant presque le même geste que les barons
tuant Becket.*

LE ROI *crie :*

Tu es content, Becket? Il est en ordre, notre
compte? L'honneur de Dieu est lavé?

*Les quatre moines achèvent de frapper, puis
s'agenouillent baissant la tête. Le roi bredouille,
on sent que c'est le cérémonial :*

Merci. Mais oui... mais oui, c'était convenu. C'est
pardonné. Merci beaucoup.

*Le page avance avec un vaste manteau, dont le
roi s'enveloppe. Les barons entourent le roi,
l'aidant à se rhabiller pendant que les évêques et
le clergé, formés en procession, s'éloignent solennellement au fond, au son de l'orgue. Le roi se
rhabille hâtivement, d'assez mauvaise humeur,
aidé de ses barons. Il a une grimace de mauvaise
humeur et grogne :*

LE ROI

Les cochons! Les évêques normands ont fait le
simulacre, mais les petits moines saxons, eux, en ont
voulu pour leur argent.

UN BARON *s'avance, venant du dehors.
On entend des cloches joyeuses.*

Sire, l'opération est réussie! Il paraît que la foule
saxonne hurle d'enthousiasme autour de la cathédrale, acclamant le nom de Votre Majesté, en même
temps que celui de Becket. Si maintenant les Saxons
sont pour nous, les partisans du prince Henri semblent
définitivement perdus.

LE ROI, *avec assez de majesté hypocrite,*
sous son air de gros garçon.

L'honneur de Dieu, messieurs, est une bonne chose
et on gagne, tout compte fait, à l'avoir de son côté.
Thomas Becket — qui fut notre ami — le disait.
L'Angleterre lui devra sa victoire finale sur le chaos
et nous entendons qu'il soit désormais, dans ce
royaume, prié et honoré comme un saint. Venez,
messieurs. Nous déciderons, ce soir, en conseil, des
honneurs posthumes à lui rendre et du châtiment de
ses assassins.

PREMIER BARON, *imperturbable.*

Sire, ils sont inconnus.

LE ROI *le regarde et lui dit impénétrable.*

Nous les ferons rechercher par notre justice, Baron,
et vous serez tout spécialement chargé du soin de
cette enquête, afin que tous n'ignorent rien de notre
volonté royale de défendre désormais l'honneur de
Dieu et la mémoire de notre ami.

L'orgue reprend et s'amplifie, triomphal,
mélangé aux cloches et aux acclamations joyeuses
de la foule pendant qu'ils sortent. Le rideau
tombe.

NOTE

A la représentation à Paris, la scène de la lande de Sandwich supprimée, le dialogue entre le Petit Moine et Becket à l'avant-dernière scène devient :

BECKET : Tu les aimais bien les bêtes? LE PETIT MOINE : Oui. BECKET : Chez mon père aussi il y avait des bêtes quand j'étais petit. On est deux gars d'Hastings tous les deux. Tu le regrettes ton couteau? LE PETIT MOINE : Oui. *(Il demande simplement :)* C'est pour aujourd'hui? BECKET : Sans doute, mon fils. *(Il le regarde.)* Tu as peur. LE PETIT MOINE, *simplement :* Oh! non, si on a le temps de se battre. Ce que je veux seulement avant c'est donner quelques coups, que je n'aie pas fait qu'en recevoir. Si je tue seulement un Normand avant — un seul je ne suis pas exigeant —, un pour un, ça me paraîtra tout de même juste. BECKET *le regarde souriant :* Tu tiens absolument à en tuer un? LE PETIT MOINE : Oui. Après ça m'est égal de n'être qu'un petit grain de sable, c'est tout, parce que je sais qu'à force de mettre des grains de sable dans la machine, un jour, elle grincera et elle s'arrêtera. BECKET, *doucement :* Et ce jour-là? LE PETIT MOINE : On mettra une belle machine toute neuve à la place de la vieille et cette fois, ce sont les Normands qu'on fourrera dedans. *(Il demande sincère :)* C'est ça, n'est-ce pas, la justice? BECKET *le regarde souriant sans répondre, il dit simplement :* Apporte-moi la mitre maintenant que je me coiffe. *(Le petit s'éloigne, il enchaîne :)* Seigneur, vous avez interdit à Pierre de frapper au Jardin des Olives, etc.

DU MÊME AUTEUR

Cet ouvrage a été composé
et achevé d'imprimer par l'Imprimerie Floch
à Mayenne le 30 avril 1991.
Dépôt légal : avril 1991.
1er dépôt légal dans la même collection : septembre 1972.
Numéro d'imprimeur : 30727.

ISBN 2-07-036191-8 / Imprimé en France.
Précédemment publié par les Éditions de la Table Ronde
ISBN 2-7103-0089-3

Extra Credit

Exam

38/ 35/ 46/ 47/ 10

176 B   180 A